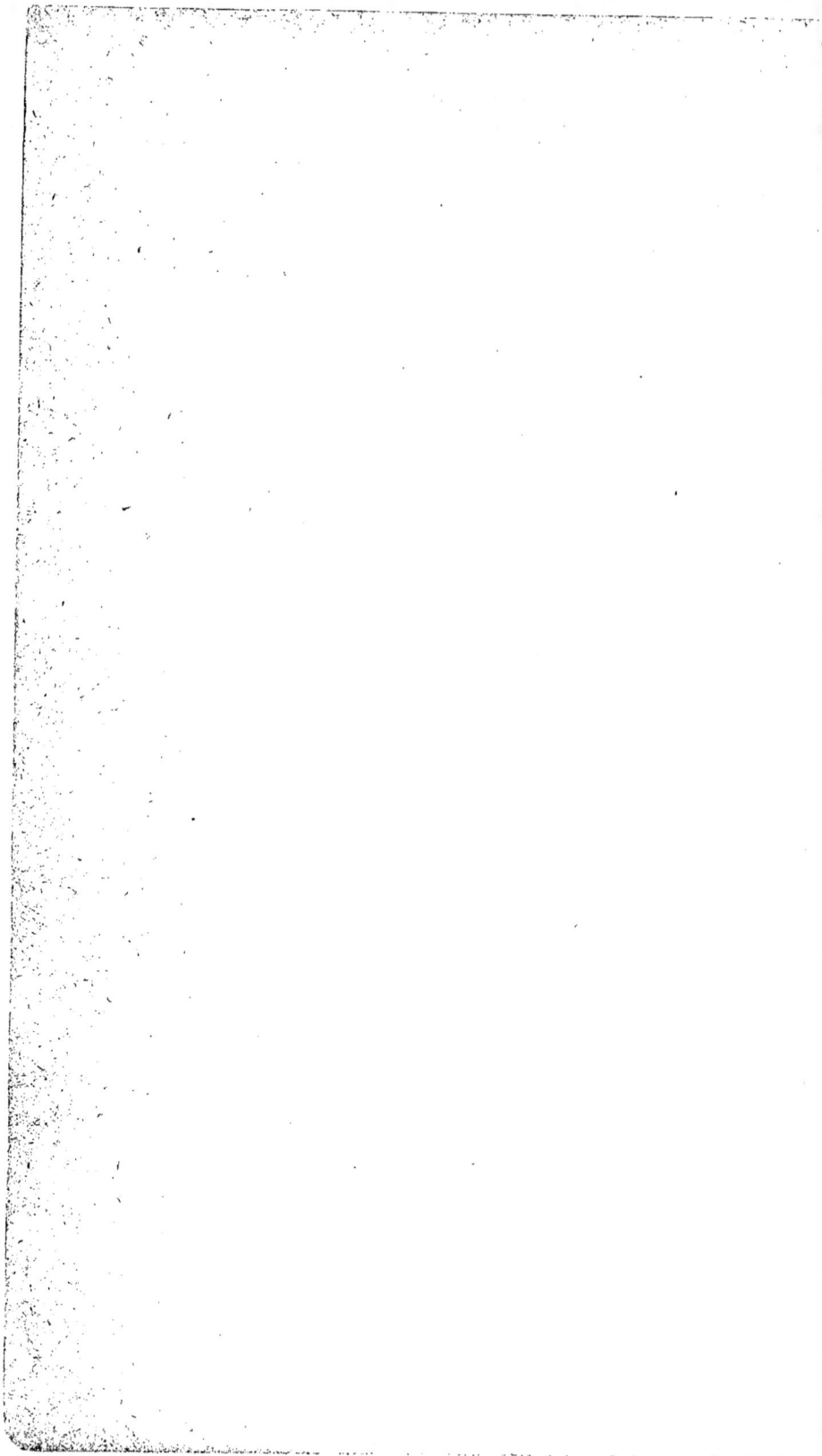

PUBLICATION DE LA SOCIÉTÉ DES ARCHIVES HISTORIQUES
D'AUNIS ET SAINTONGE

L'ABBÉ RICHARD

HYDROGÉOLOGUE

ÉTUDE SUR SA VIE ET SON SECRET

POUR LA DÉCOUVERTE DES SOURCES

L'HYDROSCOPIE SENSITIVE ET LA BAGUETTE

Par le Dr CH. VIGEN

(DE MONTLIEU)

LA ROCHELLE

IMPRIMERIE NOUVELLE NOËL TEXIER

29, RUE DES SAINTES-CLAIRES, 29

1906

Prix : 1 franc

ÉTUDE

SUR LA VIE ET LE SECRET DE

L'ABBÉ RICHARD

HYDROGÉOLOGUE

PORTRAIT DE M. L'ABBE RICHARD

d'après une photographie faite en 1863
à Dusseldorf.

PUBLICATION DE LA SOCIÉTÉ DES ARCHIVES HISTORIQUES
D'AUNIS ET SAINTONGE

ÉTUDE

SUR LA VIE ET LE SECRET

DE

L'ABBÉ RICHARD

HYDROGÉOLOGUE

Par le Dr CH. VIGEN

LA ROCHELLE
IMPRIMERIE NOUVELLE NOËL TEXIER
29, RUE DES SAINTES-CLAIRES, 29

1906

ÉTUDE

SUR LA VIE ET LE SECRET DE

L'ABBÉ RICHARD

HYDROGÉOLOGUE

1822-1882

Tout le monde, au moins dans la Charente-Inférieure, a entendu parler de l'abbé Richard, l'hydrogéologue mort il y a bientôt vingt-quatre ans, et aussi du fameux secret pour découvrir les sources qu'il avait déposé à l'Académie des Sciences, en promettant à plusieurs reprises de le révéler au public, avec tous les éclaircissements désirables. Plusieurs fois aussi a été manifesté le désir de connaître cette loi merveilleuse et le contenu des papiers Richard (Voy. *Bulletin*, V, p. 148 et 327 ; *Revue*, XXI, p. 62, 82, 163.)

En 1901, ayant déjà eu l'occasion de lire ce secret, alors aux archives du séminaire de Montlieu, j'entrai en rapports avec notre estimable confrère, M. le baron A. de Beaucorps, qui venait de publier une brochure très intéressante sur la baguette divinatoire que fait fort bien tourner son jeune fils ; et j'eus l'idée d'étudier plus à fond le système et les papiers de M. Richard, persuadé d'ailleurs que son vrai secret était, non la loi des failles énoncée au pli officiel, mais plutôt une sensibilité spéciale, aidée par l'expérience de l'hydroscope. J'obtins facilement de l'Evêché de La Rochelle l'autorisation de compulser et d'utiliser les notes nombreuses laissées par notre compatriote. J'interrogeai ceux qui avaient connu mon héros, et dont beaucoup avaient déjà cette idée. J'approfondis de mon mieux la question, ma conviction s'en trouva plus fermement établie, et je fus laissé libre de la publier. J'en remercie très sincèrement qui de droit.

Bref, je crois qu'il serait intéressant aujourd'hui de faire imprimer ce secret dont la révélation a plutôt une valeur historique que commerciale, et qui a peut-être le tort d'être trop posthume par rapport à son auteur. J'y joins mes notes et réflexions sur la vie et les œuvres de l'hydrogéologue saintongeais, en condensant beaucoup du reste celles que j'ai rédigées pour ma satisfaction personnelle.

I. — Vie de Richard jusqu'en 1861.

L'abbé Pierre Richard est né à Tesson, près Saintes, le 2 février 1822, de Pierre Richard, cultivateur, et de Suzanne Tesseron, illettrés ; il était le troisième de six enfants, dont la plupart ont laissé de la postérité. Il s'était dit quelquefois né en 1826 et avait signé Théophile Richard ; mais à l'état civil il ne porte que le prénom de Pierre, et à son baptême ceux de Pierre-Denis.

Il eut pour premier maître et protecteur le curé de Tesson, Robert, qui avait remarqué ses heureuses dispositions, et le fit entrer en 1839 dans la Maison d'éducation de Montlieu, où il demeura jusqu'en 1844 avec M. Rainguet comme supérieur. Il rentra alors en rhétorique à Pons, et fut admis en 1845 au grand Séminaire. Après deux années de préceptorat chez M. de Saint-Légier d'Orignac, il reçut les ordres sacrés en 1852, et fut ordonné prêtre, à 31 ans passés, le 21 mai 1853.

A partir de 1852, nous le trouvons professeur au séminaire de Montlieu, avec le même supérieur, Rainguet, et où, tout en enseignant le dessin, il occupe successivement jusqu'en août 1861 les chaires de septième, de troisième et de seconde. Il encourageait fort ses élèves dans leurs essais littéraires ; aussi, en 1858, ceux-ci ayant composé en commun une tragédie : *La Mort de Roland*, leur professeur présenta lui-même à Lamartine cette poésie avec une dédicace spéciale, et en reçut les compliments les plus flatteurs. « Tel maître, tels élèves, répondait celui-ci. Quand nous étions au collège d'Annecy, aucun de nous, même moi, n'aurions fait d'aussi bons vers. » Mais on sait ce que valent les réponses élogieuses des grands poètes à leurs jeunes admirateurs. C'était pourtant à cette même époque (printemps 1859), que l'auteur des *Méditations* célébrait comme un nouvel Homère, le père du félibrige, F. Mistral, qui venait de lui présenter son beau poème de Mireille.

Dès cette époque, Richard a conservé un grand nombre de notes ; il a gardé et enliassé les lettres qu'il recevait, et la plupart de ses réponses ; de sorte qu'il serait possible de reconstituer le détail de son existence. Il se révéla dès lors avec deux aptitudes tranchées qu'il eut l'occasion de développer largement dans la suite : le goût des voyages, et une certaine absence de timidité. Et j'y note aussi un signe qu'on a donné comme propre aux hommes remarquables : c'est qu'il se fit dès le début, et conserva toute sa vie, un certain nombre d'amis fidèles et de partisans dévoués.

C'est ainsi qu'il fit de 1853 à 1859 quatre saisons aux Pyrénées, et qu'en 1855 et 1858 il visita Paris et suivit en Allemagne une famille Farlsh, avec laquelle il parcourut les rives du Rhin, Bruxelles, Berlin, Dresde, Francfort, Vienne, etc. Dans la première de ces excursions, il se trouvait à Cologne le 3 octobre 1855, au moment où Frédéric-Guillaume IV, roi de Prusse, inaugurait le portail de la cathédrale ; il se faufile dans le cortège officiel, se fait adresser la parole par le souverain, et lui écrit quelques jours après pour solliciter un souvenir de ce rapide entretien. Le roi lui envoie par son ambassadeur sept grandes et belles gravures et photographies qui font encore l'ornement de son salon. Dans la seconde, étant à Vienne, il demande et obtient une audience du comte de Chambord à Frohsdorf, y est très bien reçu, y dîne et y couche (26 septembre 1858) ; et note longuement par écrit les propos de ses augustes hôtes, et ses propres impressions ; il se fait encore donner un souvenir, un cadeau : une chasuble de soie blanche, brodée, dont il fait hommage à l'église de Tesson.

En 1859, tout en continuant à professer la littérature, Richard se procure l'*Art de découvrir les sources*, de Paramelle ; et, guidé par cet ouvrage ou par ses propres remarques, il parcourt la région, et étudie toutes les fontaines des environs de Montlieu, où se trouvent des terrains fort différents, et des accidents assez prononcés du sol. Cette idée de la recherche des eaux souterraines paraît l'occuper tout entier, de 1859 à 1860 ; et son air distrait et rêveur est remarqué par ses co-professeurs et ses élèves, qui le plaisantent quand ils le voient ainsi *noyé dans ses sources*. Mais il ne fait part à personne de ses impressions, et n'en écrit pas un mot (1).

---

(1) Voir dans la *Semaine des familles* du 29 décembre 1866 un article de Nettement fils où Richard raconte tout autrement la genèse de sa vocation. Se promenant, un jour, auprès de la fontaine du Séminaire, en compagnie du professeur d'histoire naturelle, le bon et savant de Meschinet, il prétend avoir alors trouvé, par une intuition subite, le principe de la découverte des sources, et s'être aussitôt résolu à garder pour lui ce secret et à l'exploiter après vérification.

Il essaie plusieurs fois de se mettre en rapports avec Paramelle, qui lui répond d'abord froidement : « Inutile de venir me voir ; tout est dans mon livre. » Entre temps, et aux vacances de 1860, il se hasarde à indiquer trois ou quatre sources pour quelques amis : un paysan de Montlieu ; Jamain, maire de Sainte-Lheurine ; Dubreuilh, juge de paix d'Archiac, et voit ses prévisions couronnées de succès. Il publie dans l'*Indépendant* de Saintes du 14 mars 1861 un article fort élogieux sur ces découvertes, où il se dit hydroscope, disciple de Paramelle, et se fait fort de préciser la situation, la profondeur, et jusqu'à la qualité des eaux souterraines. Cet article est reproduit par les journaux locaux, puis par la presse catholique parisienne, et commence la réputation spéciale de l'auteur, qui reçoit aussitôt des demandes, même pour l'étranger.

Richard récrit alors à Paramelle pour lui annoncer ces premières réussites obtenues, dit-il, d'après les principes du sourcier cadurcien, mais en y adaptant une découverte personnelle qu'il juge très importante ; et aussi pour lui demander son patronage. Cette fois le vieil abbé répond : « Vous êtes le seul, Monsieur, des 4.000 lecteurs de mon ouvrage, qui l'ait étudié à fond et l'ait vérifié sur le terrain. C'est donc avec une vive joie que je vois en vous un jeune confrère capable de me remplacer avantageusement auprès de ceux qui ont besoin d'eau et que je n'ai pu visiter. Je serai charmé de vous voir et de recevoir vos observations, qui pourraient prendre place dans une réédition de mon Traité. » Richard n'a garde de manquer à cette invitation : il se rend à Saint-Céré le 29 juillet 1861, et peut se dire dès lors le successeur en titre de l'illustre Paramelle, avec lequel il demeura depuis en correspondance. Celui-ci est mort à Saint-Céré le 20 août 1875, âgé de 85 ans, dans une honnête aisance, et léguant sa fortune à l'hospice de cette ville.

II. — *Voyages hydrologiques (1861-1881).*

Dès l'été de 1861, les premiers succès de Richard annoncés par lui dans les journaux, la publicité organisée jusqu'en Allemagne par un fervent ami, le docteur Bücheler, de Dusseldorf, qu'il avait connu en 1858, et qui devint dès lors et resta son grand admirateur et son réclamiste zélé, comme d'ailleurs en France l'abbé Moigno, le savant directeur des *Mondes* : cette publicité, dis-je, attire de toutes parts des demandes au professeur de Montlieu. Il abandonne sa chaire de seconde, dont il garde pourtant le titre quelques années encore, et part aussitôt les vacances pour son premier grand voyage.

Il explore rapidement Muron, Niort, Tours, La Ferté-sous-Jouarre (où il fait connaissance de la comtesse de La Rochejacquelin qui le prit dès lors comme un vrai thaumaturge et l'introduisit dans la clientèle des châtelains). Puis il travaille pour les communes de Cunfin et de Fontettes (Aube), pour la ville d'Aix-la-Chapelle et le domaine de Rosembourg près Bonn, pour le banquier Baüer, de Brunn en Moravie, pour d'autres grands propriétaires d'Allemagne ou d'Autriche : le tout avec un peu de mécomptes en regard de succès éclatants.

Il revient par l'Istrie, où la municipalité de Trieste l'invite à jalonner pour elle le cours souterrain de la Recca, rivière importante qui passe à une grande profondeur sous le plateau calcaire du Karst, pour aller sortir à trente-cinq kilomètres de là, sur les rivages de l'Adriatique, aux belles sources du Timave, chantées par Virgile (1). En un seul jour (27 décembre 1861), se basant dit-il sur une loi physique qu'il vient de découvrir, Richard explore la contrée, puis remet un rapport où il conseille d'atteindre la Recca au fond d'un aven profond de trois cent cinquante mètres et déjà visité avant lui, mais qu'il faut atteindre par un canal horizontal de quatre mille mètres de long. Quel que fut son désir de se procurer de l'eau potable en abondance, j'ajoute que la ville de Trieste ne s'est jamais décidée à faire creuser, sur la simple autorité d'un hydroscope de passage, ce tunnel de quatre kilomètres. L'archiduc Maximilien, depuis empereur du Mexique, qui fait alors construire tout près de là son magnifique château de Miramar, mande l'abbé Richard pour procurer de l'eau à son domaine ; il le reçoit très aimablement, le garde plusieurs jours, et pour lui témoigner sa satisfaction de ses indications hydrologiques (2) lui donne encore un superbe album de photographies et le fait décorer par son frère l'empereur d'Autriche de l'ordre de François-Joseph.

Or, cette brillante campagne où Richard a parcouru la France, la Province rhénane, la Prusse, la Moravie, Vienne et l'Istrie, n'a duré que quatre mois : septembre à décembre 1861, pour être couronnée par l'octroi d'une décoration enviée. Je laisse à devi-

---

(1) Il paraîtrait que le résultat ultérieur ne fut pas très favorable. D'ailleurs Richard ne revint jamais à Miramar, et n'en parle pas dans ses circulaires.

(2) Voir pour le Karst et la Recca, Martel, *Les Abîmes*, p. 432-478. L'exploration de Richard n'y est pas mentionnée.

ner le triomphe qui accueillit les débuts du chercheur de sources, quand il retrouva sa famille, et le séminaire de Montlieu, desquels il devenait dès lors le bienfaiteur et la gloire.

Je ne suivrai pas l'abbé Richard dans toutes ses pérégrinations, qui durèrent plus de vingt ans, tant en France qu'à l'étranger, et dont j'ai pourtant relevé l'itinéraire détaillé. Je me contenterai de les résumer en disant qu'il parcourut ainsi à plusieurs reprises environ les trois quarts des départements français. Ses voyages les plus fréquents, en dehors des Charentes, eurent lieu dans les départements de l'Ouest, et dans ceux où se trouvent beaucoup de châteaux. Il fut appelé en outre par un grand nombre de particuliers et de communes, et même par une dizaine de villes : Bayonne, 1878 ; Brest, 1868 ; Cholet, 1864 ; Fontenay-le-Comte, 1863 ; Noyon, 1867 ; Poitiers, 1877 ; Rennes, 1867 ; Les Sables d'Olonne, 1868 ; Saint-Malo, 1876 ; et Vitré, 1868 ; pour le camp du Ruchard, près Tours, où il réussit à merveille.

J'ajoute que, pour des motifs divers, aucune des indications qu'il fit dans les grandes villes ci-dessus ne fut suivie d'effet (Brest, Rennes, Saint-Malo, Poitiers), et qu'il eut un échec avéré à Bayonne. Par contre, à Rochefort, les travaux qu'il conseilla en octobre 1866 furent exécutés et lui procurèrent le succès le plus brillant de sa carrière, puisque la ville put se procurer l'eau à trois ou quatre kilomètres de là, aux coteaux de Villeneuve, près Tonnay-Charente, au lieu d'aller la chercher à trente kilomètres, à Saint-Germain de Marencennes, comme on était décidé à le faire auparavant.

Je citerai enfin, parmi les amis et les clients les plus connus de Richard, MM. d'Andigné, Arnauld d'Abbadie, Benoist d'Azy, le marquis de Beaucorps, le prince de Broglie, de Boissy, pair et sénateur, Anatole de Bremond d'Ars, Paul de Cassagnac, de Chabrol, Aug. Cochin, de Cugnac, à Epannes, Duchâtel, des Francs, de Grandville, préfet de la Meuse, le comte de Falloux et son frère le cardinal, de La Bouillerie, de Lur-Saluces, Marc Arnauld, de Montalembert, de Talhouët, de Villiers ; Mmes Blanc (de Monaco), d'Aubin, Girod de l'Ain, et Auguste de La Rochejacquelin, sa correspondante et admiratrice pendant vingt ans ; les chanoines de Saint-Denis Cadoret et Moigno (le premier son condisciple de Montlieu), l'abbé Duilhé de Saint-Projet ; Nosseigneurs Cortet, évêque de Troyes, Bouvier, évêque du Mans, Brossais Saint-Marc, archevêque de Rennes, de Dreux-Brézé, évêque de Moulins, Pallu du Parc, évêque de Blois, les cardinaux Donnet et Lavigerie, celui-ci surtout, qui l'ayant demandé en Algérie avant la guerre, le fit revenir en 1880 pour Alger et Tunis ; les familles de Frétart, de Saint-Légier, de Lestranges, et leurs alliées, qui conservèrent avec lui les plus cordiales relations, etc., etc.

Richard visita de même à sept reprises à peu près toute l'Allemagne, tant du Nord que du Sud, y compris la Prusse, l'Autriche et la Hongrie ; il y passa en tout vingt-cinq à vingt-six mois, de l'automne 1861 à l'été 1867 ; il n'y reparut plus après cette date. Il y compta, comme principaux partisans ou clients, en dehors du docteur Bücheler et de l'archiduc Maximilien, ci-dessus nommés : Théodore Bauer, banquier à Brunn ; le prince de Metternich au Johannisberg ; le prince Blücher à Radün ; le baron Sina, riche financier viennois ; Schlieper, châtelain de Rosemburg, près Bonn ; le comte Potocki, ancien ministre, à Glouchow ; le comte de Beust, ministre de Saxe-Altembourg. Le grand-duc de Hesse-Darmstadt l'employa ; ainsi que le roi de Bavière, pour des recherches à Bayreuth, pour le Maximilianéum de Munich, et pour son château de Starnberg, où il devait plus tard si tragiquement périr. Les villes d'Aix-la-Chapelle, Buckebourg, Coblenz, Neustadt, Trèves, aux pays rhénans, et Debreczin en Hongrie, eurent recours à ses lumières. S'il travailla enfin à plusieurs reprises pour le roi de Prusse, et explora le domaine royal de Minden et, pour la marine, le territoire de la Jade, à l'embouchure du Weser, il en toucha de beaux honoraires, et fut reçu à Berlin plusieurs fois par les ministres, et obtint en décembre 1863 et janvier 1865 deux audiences très bienveillantes du Roi et de la Reine, dont il a conservé la relation détaillée ; cette dernière lui valut l'ordre de la Couronne de Prusse, 3e classe, qu'il porta jusqu'à la guerre.

J'ai relaté sur son carnet cette réflexion écrite en 1858 : *L'Allemagne dominerait l'Europe, si elle s'entendait.* La prophétie s'est réalisée, hélas ! à notre détriment, après Sadowa.

La Belgique fut visitée neuf fois par Richard : en 1863, pour le domaine royal d'Ardenne, et de 1873 à 1879 pour divers. Le chevalier de Moreau, député, puis ministre, le sénateur de Fabribeckers, furent ses clients, puis ses zélateurs, et le présentèrent à MM. de Montellano, de Caulaincourt, baron J. Houtard, Bouché (de Salzinnes), de Beauffort, gouverneur de Namur, au couvent de Notre-Dame de la Sarte, à la Sucrerie de Wanze-Huy, au collège de Renaix, de tous lesquels il énumérait dans ses circulaires les explorations comme des succès. Je le trouve aussi consulté par la ville de Roulers, par le collège de Bellevue près Dinant, et par MM. Carrette-Delobel à Mouscron, et Albert Du Chastel à Spa, qui eurent chacun un voyage spécial.

Je note de plus une courte apparition à Maëstricht en Hollande (décembre 1873); et trois voyages en Suisse, 1867 à 1874, presque uniquement d'agrément et avec des amis.

Dans la péninsule Ibérique, Richard revenant d'Algérie, étudie les eaux de Lisbonne en juin 1869, puis celles de Barcelone en mai 1876. Il fait en Espagne trois autres séjours, de trois à cinq mois chacun, en 1879, 1880 et 1881, patronné par un sénateur madrilène, le marquis de Riscal, et par un curé andalou, Francesco Navarrete, d'Illar. Outre les particuliers presque tous titrés comme des Espagnols, il est consulté par plusieurs municipalités et par les villes de Tafalla, de Santander, de Santona. Dans cette dernière, située en Biscaye (septembre 1879), il tombe de voiture en explorant les environs, et se casse l'avant-bras gauche, ce qui l'oblige à quelques jours de repos. En janvier 1880, il est fait commandeur de l'ordre d'Isabelle la Catholique.

Au mois d'août 1871, Richard assiste avec son ami Moigno au congrès d'Edimbourg et y présente ses silex taillés de Josué.

Il avait fait deux pélerinages à Rome aux printemps de 1865 et de 1875, et y fut reçu par le pape Pie IX et par l'ex-roi de Naples; mais à proprement parler, et sauf la Campagne romaine pour le gouvernement pontifical, il n'avait jamais exploré l'Italie. Il y commençait tout juste son premier voyage hydrologique, en octobre 1881, quand il tomba malade dans un orphelinat ouvrier tenu par un prêtre, à Monza. Il ne put aller plus loin, et y succomba quatre mois après.

Richard a longuement voyagé en Algérie à deux reprises, avec la Tunisie (1868-1869 et 1880-1881). Il a parcouru la Basse-Egypte, la Palestine et le Liban (novembre 1869 à juin 1870). Il y a lieu de revenir sur ces campagnes, surtout pour les découvertes préhistoriques.

III. — Le secret. La loi des failles.

On connaît la carrière de l'abbé Paramelle, le vrai créateur de l'art de découvrir les sources. Placé comme desservant dans une pauvre paroisse du Lot, à la limite du terrain granitique où abondent les fontaines, et du terrain calcaire qui absorbe toute l'eau superficielle par ses innombrables fissures, il observe, il compare, il raisonne, il déduit ; il reconnaît que la plupart des fontaines sourdent à la naissance des petits plis de terrain; il en conclut (ce qui est inexact comme loi absolue), que les couches profondes sont parallèles à la superficie, et qu'en descendant jusqu'à la couche imperméable qu'il a appris à discerner, on aura grande chance de trouver de l'eau. Il indique quelques sources d'après ces données, étend peu à peu ses investigations, puis finit par acquérir le merveilleux coup d'œil, et par obtenir les étonnants succès qui ont immortalisé son nom et son système. Enfin, après trente-cinq ans de pratique, il condense la science hydroscopique qu'il a créée dans un livre resté classique depuis un demi-siècle. Bien plus, un de ses admirateurs, un négociant de Reims, M. Lefebvre, vient de lui élever une statue au-dessus d'une source qu'il a découverte d'après ses principes.

Tout autre a été la vie de l'abbé Richard, surtout pour la soudaineté et l'éclat de ses débuts, où il obtint des succès qu'il ne surpassa jamais. Mais son système, qu'il ne voulut jamais révéler, périt avec lui ; et, quelques années après sa mort, il est presque entièrement oublié, en dehors peut-être de ses compatriotes charentais.

Ce n'est pas tout. Depuis quatre ans, il avait parcouru la France et l'Allemagne dans tous les sens, avec des succès incontestés, quand, le 15 mai 1866, il écrit textuellement sur son agenda : *A Vichy, y trouve la formule ou définition de mon système hydrogéologique.*

Puis, le 2 juillet suivant, il dépose à l'Académie des Sciences son pli cacheté, qui ne fut ouvert qu'après sa mort, à la requête de Mgr Thomas, et dont voici le contenu entier : (1)

« Exposé sommaire de ma théorie scientifique sur l'art de
« découvrir les sources.

« Les eaux de l'atmosphère, à l'état de pluie, de brouillards,
« de neige et de rosée, pénétrant les couches perméables de la
« terre, s'enfoncent à travers les *fentes* et *fissures* des stratifica-
« tions, mues par les lois de la gravitation jusqu'à une profon-
« deur variable, pour ressortir plus bas aux affleurements des
« formations imperméables, ou former des nappes latentes dans
« les dépressions qui n'ont pas de déversoir complet.

---

(1) Voyez *Revue*, XXI. 163, la description de cette pièce par l'abbé A. de Laage.

« Cette théorie est entièrement basée sur cette assertion, dont
« je démontre la vérité dans un livre qui sera prochainement
« publié.

« Toute faille, fente, fissure, vallée, pli ou dépression de
« l'écorce terrestre devient le passage ou le réservoir d'un cou-
« rant d'eau apparent ou caché, permanent ou temporaire, as-
« cendant ou descendant, proportionné à l'étendue du bassin, et
« d'une nature en rapport avec celle du sol ou avec la profon-
« deur.

« Ce principe explique l'existence et l'émergence des sources,
« de quelque nature qu'elles soient ; les eaux ordinaires, les
« eaux artésiennes naturelles, les eaux minérales et thermales,
« et même les sources d'huile (pétrole, naphte, etc.).

« Les eaux thermales arrivent toujours à la surface par des
« fentes, qui leur servent comme de cheminées d'ascension, soit
« que ces fentes communiquent directement à la pyrosphère, à
« laquelle ces eaux emprunteraient leur thermalité et leurs prin-
« cipes minéralisateurs ; soit qu'elles servent simplement de
« tubes naturels à des eaux de nappes artésiennes assez pro-
« fondes pour leur faire acquérir la thermalité, en vertu de la
« chaleur centrale, et leur minéralisation en délayant les roches
« qu'elles traversent.

« Les gisements de pétrole connus sont dans le voisinage des
« failles et dislocations du globe.

« Le moyen de connaître les courants d'eau ou d'huile, consis-
« tera à trouver la faille et *fente* d'une formation donnée. Or,
« comme le dit Élie de Beaumont, si les montagnes ne sont pas
« répandues au hasard sur la surface du globe, les failles et
« *fentes*, intimement liées aux systèmes de montagnes, sont dis-
« tribuées avec une grande régularité ; et de même que le mineur
« trouve les filons métalliques avec son cadran d'orientation, de
« même l'hydrogéologue, armé des mêmes instruments, décou-
« vrira les courants d'eau et les gisements d'huile.

« Ce qui donne une grande valeur à ce système, et ce qui le dif-
« férencie de celui de M. Paramelle, c'est que celui-ci exige une
« *dépression* pour trouver le point de la source, tandis qu'avec
« les failles et fentes on en trouve dans les coteaux et les mon-
« tagnes.

« Si en creusant vous ne tombez pas tout à fait sur la *fente* ou
« *faille*, vous l'atteindrez bien vite à l'aide d'une excavation hori-
« zontale, perpendiculaire à la direction des failles ou fentes,

« C'est ce que j'ai fait faire déjà, pour les eaux ordinaires ou
« pour les eaux thermales.

« Dans l'ouvrage que je prépare, j'indique tous les moyens de
« trouver les sources partout où elles se trouvent.

« L'abbé Richard, chan. hon., à Montlieu (Char.-Inf.).

C'est là tout le *secret* dont on a fait tant de mystères. Qui ose-
rait se baser sur lui seul pour découvrir des sources ? Il faut pour
y réussir un art bien plus difficile et compliqué.

Mais Richard ne l'avait formulé que pour établir une théorie
scientifique de la circulation souterraine de l'eau dans des failles
ou fissures *régulièrement orientées*. Cette idée, d'ailleurs
inexacte dans sa généralité, flottait sans doute dans son esprit ;
et il venait justement d'en trouver la plupart des termes dans un
Prodrome de Géologie qui paraissait alors en fascicules, et dû à
Alexandre Vézian, professeur à la Faculté des sciences de Be-
sançon ; il en avait noté au crayon les principaux passages, où je
reconnais à mon tour des phrases copiées presque entières dans
le secret. C'est ce qui explique la note de l'agenda destinée à
préciser la date où a pris corps cette idée de l'orientation régu-
lière des failles comme chemins d'eau.

Elle mériterait d'ailleurs une discussion scientifique et des
développements qui seraient ici peu justifiés. Qu'il me suffise de
dire qu'après maintes études personnelles, et notamment après
avoir lu et analysé les *Eaux souterraines* de Daubrée, j'ai tenu
l'an dernier à soumettre moi-même cette loi à MM. Auscher, ingénieur hydraulicien très répandu, et auteur d'un Traité sur la
découverte des sources parvenu à sa 2ᵉ édition; A. de Lapparent,
professeur de géologie à l'Institut catholique et membre de l'Académie des sciences ; L. de Launay, ingénieur et professeur à
l'Ecole des mines ; et Martel, le spéléologue bien connu, celui
qui dans ses multiples explorations de cavernes a pu étudier *de
visu* les modes de circulation souterraine de l'eau, et les a éta-
blies avec précision dans son beau livre des *Abîmes*.

Eh bien, ces quatre savants spécialistes ont été unanimes à
déclarer formellement que la loi Richard est inexacte, qu'elle
confond les failles avec rejet et les simples fissures, que les sources thermales viennent bien de la profondeur par les failles,
mais que les eaux superficielles circulent dans tous les sens à
travers les fissures irrégulières et entremêlées du sol. Les gisements de pétrole sont soumis à de tout autres lois. Ils ne font
pas de difficulté, surtout M. de Lapparent, à admettre comme

moi qu'il peut exister chez certaines personnes une sensibilité hydroscopique particulière, leur faisant reconnaître la présence de l'eau souterraine, mais ils n'ont jamais approfondi la question. Cependant, M. Auscher, dans la réédition de son livre (1905) se refuse à croire à cette sensibilité personnelle des sourciers, tout en me donnant acte de ma propre conviction, et de celle de plusieurs autres médecins.

Et d'ailleurs cette loi des failles fût-elle exacte, il faudrait, pour repérer leur tracé, une étude approfondie des couches du sol enfouies sous l'humus, et surtout des fossiles qui caractérisent chaque strate ; et Richard ne consacrait jamais plus de quelques heures à ses explorations, et il opérait souvent sur des sols bouleversés, même parfois à travers la neige et dans des pays à lui tout à fait inconnus, ainsi qu'il le déclare lui-même. Il possédait du reste très peu de cartes géologiques et de celles d'état-major.

Ce n'est pas tout : dans ses notes éparses, et dès avant 1864, Richard paraît s'être arrêté sur un tout autre principe, qu'il appelle « *mon système* », pour expliquer l'existence et la découverte par lui des sources souterraines : la présence d'angles saillants, de croupes indiquant l'émergence ou le peu de profondeur de l'eau, et qui ne seraient que les débris apportés par l'eau dans les temps anciens. D'autres fois, il signale les arbres énormes, accrus souvent au-dessus des belles sources ; ou une couche de gravier, dénotant la présence d'une eau peu profonde.

Il serait difficile, en adoptant l'un ou l'autre de ces systèmes, ou même tous réunis, d'en faire un moyen pratique, universel, de découvrir au premier coup d'œil des sources souterraines, et d'expliquer par eux les incontestables succès qui ont illustré la carrière de notre hydrogéologue.

C'est qu'en plus de ses remarques habiles, il utilisait, tout en en faisant mystère, une sensibilité spéciale, que bien des gens possèdent plus ou moins, mais très peu à un degré utilisable, et qui chez ceux-ci peut être mise en évidence par la baguette divinatoire ou le pendule hydroscopique, absolument comme l'aiguille du galvanomètre révèle en les amplifiant les courants électriques.

IV. — *Sensibilité hydroscopique de Richard.*

Cette faculté de sentir plus ou moins confusément l'eau, et même quelquefois certains minéraux à travers la terre, est niée, ou du moins méconnue par la généralité des savants officiels. Ce n'est pourtant pas au moment des découvertes des rayons X, de la télégraphie sans fil, et du radium, qu'ils devraient repousser *a priori* la possibilité d'une loi de la nature, parce qu'ils n'en conçoivent pas la cause ou le mode d'action. Je prépare justement un ouvrage pour établir scientifiquement l'existence de cette sensibilité, ouvrage dont la carrière de l'abbé Richard ne serait qu'un chapitre, bien qu'elle m'en ait fourni la première idée.

Comme je ne pourrais résumer ici les raisons qui motivent ma conviction, ni les faits qui l'appuient, je me borne à dire que je considère comme démontrée cette *possibilité* d'une sensation de l'eau chez certaines personnes. Ce thème sera facilement admis, je l'espère, chez mes lecteurs saintongeais, où tant de sourciers à baguette indiquent et creusent des puits..... et réussissent généralement ; car la Saintonge est, avec le Dauphiné, la patrie par excellence des tourneurs de baguette.

Je n'ai donc qu'à donner sommairement les motifs m'ayant amené à attribuer à Richard cette sensibilité, qui selon moi, aurait été son secret véritable, sans nier bien entendu son expérience hydrologique et ses qualités d'observateur.

Ces arguments, dont plusieurs figurent déjà dans les lignes ci-dessus, sont : l'insuffisante préparation scientifique du professeur de seconde à sa nouvelle profession ; l'intuition subite à laquelle lui-même attribue sa découverte ; la soudaineté, et en même temps l'éclat de ses débuts dans la carrière hydroscopique; l'époque tardive après cinq ans de courses dans toute l'Europe, où il formule enfin sa loi technique de l'orientation des failles ; le sommeil même qu'il impose à cette loi dans les cartons académiques jusqu'à la fin de sa vie ; l'inexactitude, ou tout au moins l'insuffisance de ce procédé pour résoudre les cas si divers de la pratique ; la rapidité de ses explorations sur le terrain et le verdict absolu qu'il y rendait sans aucune explication à l'appui ; la possibilité pour lui d'opérer dans la nuit ou malgré la neige, ainsi qu'il le constate lui-même, un peu étonné, sur son agenda.

J'en ajoute d'autres, qu'il me serait aussi facile de développer : dans le volumineux amas de ses papiers, l'absence presque complète des considérations vraiment scientifiques et surtout du Traité qu'il promettait toujours, mais n'écrivit jamais, alors qu'il a laissé une foule de notes et impressions de voyage ; la défiance qu'il entretint constamment vis-à-vis des savants, des géologues, et surtout des sourciers techniques. ou son mutisme absolu quand il était forcé de les rencontrer, au risque d'être pris pour un ignorant, ainsi que cela lui arriva avec le professeur Raulin : la

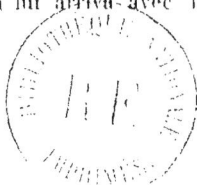

remarque enfin, qu'il se garda bien de faire aucun disciple dans sa spécialité, abstention trop explicable.

Et beaucoup de ceux qui l'ont approché de près ont eu de son vivant cette conviction qu'il était un hydroscope sensitif. Tels, ses collègues dans le professorat, MM. Sellier et de Meschinet, M. Périer, curé de Notre-Dame à Rochefort, qui a remarqué chez lui, en présence de l'eau, une secousse nerveuse, mais vite réprimée, M. Morvant, curé-doyen de Surgères, qu'il prit quelques mois comme secrétaire, mais auquel il n'avoua jamais sa sensibilité ; l'abbé Brodut, curé de Tonnay-Charente, d'autant plus convaincu qu'il était lui-même un sensitif, éprouvant une sensation bien nette, comme l'impression d'un bain, chaque fois qu'il passait au-dessus d'un cours d'eau souterrain, et n'en faisant pas d'ailleurs mystère ; d'autres abbés que je connais, qui, fort compétents dans la question technique des sources, confirment et précisent chaque fois leurs conclusions par un indice révélateur : un aimant ou une baguette.

Il y a encore les propres aveux de l'intéressé, plus ou moins explicites. « Mon secret est si simple, disait-il souvent, qu'au bout d'un quart d'heure, un enfant intelligent est en état de l'appliquer. » A l'abbé Duilhé de Saint-Projet, au savant M. de Longuemar, il déclarait « que la présence de l'eau se manifeste par des signes certains, comme l'existence du feu par la fumée, et qu'il voyait une source en passant et à distance comme un autre voit un arbre ou une maison ». Dans une conférence publique qu'il fit à Namur en 1875, il racontait que dans un collège voisin, la nuit, il venait de reconnaître, comme coulant *actuellement*, une source connue débouchant plus loin, et qu'on croyait tarie ; et la vérification faite aussitôt, lui donna raison. Une autre fois, un soir de novembre, il arrivait dans un château silésien ; et quand après dîner on voulut l'interroger sur son talent. « Je connais, dit-il, une loi qui m'indique l'endroit précis de l'eau ; je regarde, j'étudie le terrain ; et tenez, ici, dans ce salon s'il y avait une source, je n'en saurais rien ». Et tout en parlant, il regarda autour de lui, s'arrêta tout à coup et changea de place. « Pardon, ajoute-t-il, je viens précisément de reconnaître une source ici ; toutefois, ce n'est que d'une façon exceptionnelle ». On creusa le lendemain au-dessous de la salle, et l'on mit à jour une source magnifique.

Autre aveu implicite, qui touche de plus près la Société des Archives de Saintonge et d'Aunis, et qui vient de m'être communiqué par Mᵐᵉ la comtesse de Saint-Légier d'Orignac, mariée en

1856 à l'élève de Richard, et dont la famille était toujours restée en relations suivies avec celui-ci. Un jour, probablement en 1876, que l'hydroscope explorait le domaine d'Orignac, en Saint-Ciers-du-Taillon, il déclara formellement que les trois puits connus, quoique assez distants, provenaient de la même nappe aquifère, et qu'il n'y avait que celle-là. « Mon baromètre, affirmat-il, ne me trompe jamais ; si c'étaient des sources vives, lui ou moi les sentirions ».

Dans toutes les circonstances sus-visées, il me paraît difficile de faire intervenir la connaissance topographique ou géologique du sol, la loi des failles, ou tout autre procédé purement physique basé sur la constitution du terrain.

Toutefois, ma pensée ne serait pas exactement rendue si l'on inférait des considérations précédentes que Richard utilisait *uniquement* la sensibilité spéciale que je lui rec..nais. J'admets au contraire, et bien volontiers qu'il complétait et corrigeait ses sensations par des données tirées de la configuration, et même de la constitution du terrain, qu'il utilisait en un mot et les indices superficiels de l'antiquité, et le système topographique de Paramelle, et sa propre expérience longue et variée, le tout mis en œuvre par sa remarquable intelligence. Je crois même que, comme cela est arrivé à plusieurs sourciers, Gabriel de Mortillet entre autres, cette sensibilité peut s'atténuer et se perdre avec l'âge.

Mais si, comme je le pense, il possédait réellement cette qualité, je ne puis m'empêcher de lui reprocher de ne pas l'avoir enregistrée par écrit, l'écrit n'eût-il dû être connu qu'après sa mort.

Ses meilleurs et plus fidèles amis, comme les abbés Cadoret, Moigno, Poyet, vicaire génér l de Jérusalem, Mme de La Rochejacquelein, l'ont souvent exhorté à ne pas laisser périr sa science avec lui. Or, si un tel aveu eût été divulgué sous son nom quand ce nom était célèbre en Europe et en Afrique, nul doute qu'il n'eût amené la science officielle à s'occuper enfin de ce phénomène qu'elle méconnaît encore : la sensibilité de certaines personnes à l'eau souterraine. Qu'en est-il résulté pour sa mémoire? c'est qu'elle est presque entièrement perdue aujourd'hui, en dehors de la Saintonge, et plus spécialement à Montlieu !

Et pendant ce temps-là le livre de Paramelle, qui pourtant n'a jamais quitté la France, se vend toujours, traduit en plusieurs langues ; et s'il a été modifié ou remplacé, n'a jamais été surpassé par ceux qu'on a publiés depuis.

V. — *Ses procédés et ses instruments.*

Richard a fait imprimer dix ou douze modèles de circulaires
qui, à part les développements successifs, diffèrent peu les unes
des autres. Elles contiennent ses conditions ordinaires et l'énu-
mération, de plus en plus étendue, des découvertes françaises et
étrangères faites d'après ses indications.

Il réclamait le paiement, dès le jour de sa visite : 1° de ses
frais de voyage, ou de la quote-part répartie entre tous les souscripteurs d'une région ; 2° de 50 fr. pour l'examen hydrogéologique de la propriété ; 3° de 100 fr. par chaque source ou puits
indiqués. S'il s'agissait d'une commune importante, d'une ville,
d'un grand établissement industriel, il prenait pour honoraires,
un prix fixe, convenu à l'avance, s'échelonnant de 500 à 4.000 fr.
et comprenant toutes les explorations à faire, et, en plus, le rem-
boursement des frais de voyage et de séjour. Ces honoraires, sti-
pulés et reçus ainsi aussitôt et pour la seule indication des sources, indépendamment du résultat ultérieur, ont donné lieu parfois à des réclamations et à des retraits de demandes. Richard y
répondait que c'était affaire de confiance du client envers lui,
qu'il ne pouvait tenir une comptabilité et un contrôle s'étendant
sur toute l'Europe et pendant plusieurs années, que pour sa
réputation scientifique il était le premier intéressé à la réussite
de ses promesses.

Quand donc il avait réuni plusieurs demandes pour la même
région, il combinait son itinéraire, et prévenait les intéressés.
Arrivé chez eux, il ne négligeait pas la mise en scène, il explorait l'endroit et recueillait sans avoir l'air d'y attacher d'importance tous les renseignements qu'il jugeait utiles : topographie,
régime hydrographique, nature du sol, végétation, profondeur
et qualité des puits voisins. Bien entendu, il faisait une large part
aux données de sa sensibilité hydroscopique. Puis, solennelle-
ment, en présence de toute la maisonnée attentive et respec-
tueuse, et fichant sa canne dans le sol au point choisi, il pronon-
çait l'oracle attendu : « Creusez là, et à ou vers tant de pieds,
vous trouverez une bonne source, ou une médiocre, ou des
simis. Enfin, il rédigeait un sommaire de son indication, avec
un croquis des lieux, et en gardait un double pour s'y reporter
en cas de besoin. Il ne motivait jamais d'ailleurs ses décisions,
et se gardait bien de préciser à l'avance les couches de terrain
à traverser, ce qui aurait nécessité une science géologique bien
plus approfondie.

Il portait toujours avec lui trois instruments, dont un double :
1° un *baromètre* à double cadran, très sensible, qui lui donnait
les altitudes ; 2° une *boussole* de poche, qu'il aurait pu utiliser
a.... u système des failles, mais dont il ne note presque jamais
les indications ; 3° une *canne* ordinaire, à bout inférieur ferré,
et sur la poignée de laquelle est fixé transversalement un petit
niveau d'eau à bulle d'air, mais trop courte pour servir de moyen
de nivellement ; elle est seule conservée pieusement dans son
musée et figure sur sa photographie la plus répandue ; un jour,
en Allemagne, on lui en avait dérobé une semblable, croyant
sans doute pouvoir trouver des sources avec elle. C'était peut-
être en effet pour lui un appareil révélateur ou amplificateur de
sa sensibilité hydroscopique, ainsi qu'en utilisent secrètement
plusieurs professionnels, et qui serait comparable à la baguette
de coudrier mise en mouvement par les sourciers ordinaires.

VI. -- *Publicité, rapports scientifiques.*

Dès les débuts de sa carrière, Richard s'était dit hydroscope,
ce qui était alors la qualification adoptée par les chercheurs de
sources, quelque fut leur système: Paramelle, Amy, Eug. de
Vic (de Gozon), Carrié, etc. Un peu plus tard il tint à s'intituler
hydrogéologue, comme qui dirait découvreur d'eau par la géologie, qualificatif un peu ambitieux en ce qui le concernait.
Le mot lui-même avait été créé en 1861 par l'abbé Jacquet, curé
Jurassien, et auteur de *L'hydrogéologie, action et mouvement des
eaux à l'intérieur des terres*, lequel se basait surtout, pour découvrir les sources, sur des indices superficiels, ou éminences
légères qu'il prétendait relever comme jalonnant à la surface
du sol les courants souterrains. L'épitaphe de Richard, au cimetière de Tesson, et sa plaque funèbre, sur la chapelle du séminaire de Montlieu, lui consacrent cette appellation à tournure
scientifique, d'hydrogéologue, qui est reprise aujourd'hui par
plusieurs savants professionnels: les abbés Boulangé, de Bruxelles, et Moulier, d'Aurillac entre autres.

Je note aussi que Richard sut fort bien utiliser à son profit la
puissance de la presse périodique, et même de la réclame, ce
dont on ne pourrait lui faire un grief sérieux. Sans revenir sur
ses circulaires, où il énumérait complaisamment ses principaux
succès, j'ai déjà dit qu'il avait publié dans *l'Indépendant* de
Saintes du 14 mars 1861, l'annonce de ses premières réussites,
et que cet article laudatif, reproduit dans les journaux religieux,
lui avait valu ses clients français et étrangers du début. Les

mêmes feuilles, parisiennes ou locales, célèbrent ses premières découvertes, et continuent jusqu'à sa mort à vanter ses talents. En Allemagne, son fidèle ami le docteur Bucheler, et un peu plus tard Mlle de Janke, de Breslau, préconisent en même temps ses succès. En Espagne, en Italie, il a des panégyristes non moins zélés.

L'abbé Moigno, le savant directeur des *Mondes*, lui consacra bon nombre de notes élogieuses : 24 janvier 1862, 29 octobre 1863, 23 janvier 1867, 25 mai 1868, 28 janvier 1869, 28 avril, 16 juin et 21 juillet 1870, etc., etc. Ce fut aussi le rédacteur du *Cosmos* qui lança les découvertes préhistoriques de Richard, dont je parlerai bientôt.

Comme principaux articles de publicité parus dans les journaux français, et dont les éléments avaient été formés par l'intéressé lui-même, je me borne à signaler : l'*Erénement*, du 4 juillet 1866; la *Semaine des familles*, du 29 décembre 1866, longue notice de Nettement fils; les *Tablettes des Deux-Charentes*, *1866 et 1867*, à propos des eaux de Rochefort; une dissertation de l'abbé Duilhé de Saint-Projet, dans le *Journal d'agriculture pratique*, d'octobre 1876; une polémique soutenue contre le *Journal de Liège*, qui critiquait les découvertes de Richard, en novembre 1876; une discussion semblable, dans les journaux de Rennes, en janvier 1877, à propos des indications hydrologiques de novembre 1867 et qui étaient contestées par les ingénieurs, comme la science de l'hydroscope. Enfin, polémique pareille dans les gazettes de Bayonne en 1878 et 1879, et pour le même motif.

Voici maintenant le relevé des communications faites par Richard aux sociétés savantes sur l'hydrogéologie. Le 18 mai 1862, il remet à M. Flourens, secrétaire général de l'Académie des sciences, une note disant qu'il a découvert nombre de sources importantes par l'application d'une loi hydrogéologique sur laquelle il se propose d'écrire incessamment un mémoire. Nous avons vu que le 2 juillet 1866, il déposa dans les cartons de la même Académie son prétendu secret et sa loi des failles, destinés à n'être divulgués que quarante ans plus tard.

Le 20 avril 1867, au Congrès des sociétés savantes, il lit une note sur l'origine des sources, où il ne sort pas des généralités classiques. La même année, il fait figurer à l'Exposition universelle le relevé de ses travaux hydrologiques, pour lequel il obtient une audience de l'Empereur, et une mention honorable comme récompense. Il expose de même en 1878 à côté de ses cartons de silex, un tableau plus complet de ses découvertes, et évalue à dix mille le nombre des sources qu'il avait indiquées.

Il était membre souscripteur de la société géologique de France, et de plusieurs autres associations savantes, mais sans y avoir jamais rien communiqué de précis sur sa spécialité. J'ai déjà dit qu'il ne tenait pas à se mettre en rapports trop directs avant des techniciens de son art ; et ceux-ci le lui rendirent bien, car je n'ai retrouvé aucune mention de lui ni de sa méthode dans aucun ouvrage vraiment scientifique.

Richard avait fait dès 1862 une dizaine de pélerinages à la grotte de Lourdes, ayant toujours eu pour la Sainte-Vierge une grande dévotion. Dans les *Annales* de ce sanctuaire, du 30 mai 1879, comparant les sources miraculeuses de l'Horeb, de La Salette et de Lourdes, il développa cette thèse, que la source de Moïse était un miracle de création, que celle de la Salette était devenue miraculeusement permanente, d'intermittente qu'elle était jusque là, et que la fontaine de Massabielle fût découverte par Bernadette, sur l'intervention surnaturelle de la Vierge Marie. Il ajoutait qu'il voyait dans cette source un exemple typique de sa théorie. (En effet, elle sort d'une *fente* du rocher, mais non d'une *faille* à rejet proprement dite, et alignée sur les autres, comme dit le secret de 1866). La grotte, enfin, ne serait que l'ancien passage d'un cours d'eau, considérablement diminué depuis, caché en 1858 sous le sable humide, et révélé alors miraculeusement à l'humble bergère de Lourdes.

VII. — *Indications dans la Charente-Inférieure.*

Je vais faire en ce qui concerne ce département, plus spécialement connu de mes lecteurs, un relevé succinct des principales indications de Richard, de celles du moins dont j'ai retrouvé les détails et les résultats. Je les rangerai par ordre alphabétique des communes.

Arthenac. — F. Ravard, chez Boisson. 1863 et 1871. Demi-succès.

Beurlay. — Mme Bourdil, au Pinier La Vallée, octobre 1880. 22 mètres au lieu de 15 creusés sans eau. Échec absolu.

Bois. — Mme la comtesse de Lestranges, février 1868. — Colonie Saint Antoine, juin 1876. Succès aux deux.

Breuillet. — M. de Verthamon à Taupignac 1872 ?

Breuil-Magné. — M. Gruet Villeneuve à la Maison-Neuve, juin 1874. Echec.

Brizambourg. — F. Mestreau, à Trudon, avril 1868. Très bon résultat persistant.

Chermignac. — Docteur Menudier, au Plaud, octobre 1868 ?

Chepniers. — M. Ellie, à La Forêt, mai 1871. Sources peu profondes, pour l'irrigation et l'alimentation d'un abreuvoir. Succès.

Chevanceaux. — Auberge Bellet, mars 1864. Succès.

Courpignac. — M. d'Arche, à Bellevue, 1863. Succès.

Ecurat. — Baron Oudet, octobre 1868. Indications pas utilisées.

Grézac. — M. Dufaure, à Vizelle, avril 1863. Succès.

Jarnac-Champagne. — M. Pitard, au bourg, octobre 1868. Source coulant à la surface. Succès. — J. Davalle, *ibidem.* Source dans un puits déjà creusé.

Jonzac. — 1863 et 1869 pour la cure — et 1878 pour l'hôpital : deux succès probables.

Jussas. — Gourdet, maire, au bourg, octobre 1868. Succès.

Lagord. — Ecole normale — et Girardeau, à Soulbien, juillet 1880. Succès aux deux.

Laleu. — Source abondante et bonne, malgré le voisinage de la mer.

La Rochelle. — La ville demande officiellement Richard en septembre 1881, mais il n'eut pas le temps d'y aller.

Léoville. — Ad. Lussaud, à Puyrigaud, octobre 1880. Echec complet.

Marennes. — X..., jardinier, août 1861. Succès.

Mirambeau. — Mars 1868. Pour le château (puits médiocre), et pour le couvent (réussite meilleure).

Montguyon. — Bernard, à l'Espis, mai 1864. Succès et Nancel Geneuil, à Château. Echec.

Montlieu. — Davias-Coulaud, chez Dallon, 1860. Premier succès. — Démion, au bourg, avril 1863. Succès. — Richard à Roch, septembre 1878. Demi-succès. — Rodes, au Lavoir du Cellier, 1864. Réussite.

J'ai retrouvé beaucoup d'autres indications faites dans les communes avoisinant Montlieu, mais aucune ne paraît avoir été utilisée par les intéressés, qui trouvaient les puits marqués trop éloignés ou trop profonds.

Neuvicq. — Sénat, à la Grande-Barde, avril 1864. 25 mètres dans le rocher, sans trouver d'eau.

Orignolles. — Furet, chez Furet, 1864. — Ménard, chez Passereau, 1864, — et Marcadier, au Bois du Pin, 1878. Succès.

Ozillac. — M. de Cugnac, à la Barrière, mars 1862. Source système Paramelle. Non creusée.

Réaux. — Bégouin, aux Brissons, 1864. Succès probable.

Rochefort. — En 1864-65, les ingénieurs préconisaient l'amenée des sources de Chercognier, près Saint-Germain de Marencennes, distantes de 28 kilomètres, et la municipalité s'était résignée à faire l'énorme dépense de cette canalisation. Richard, appelé en octobre 1866, conseilla de prendre tout simplement les eaux du côteau de Villeneuve, près Tonnay-Charente; dès les premières fouilles, en présence de la commission, une grosse anguille émergea d'une source mise à jour. Les travaux durèrent de 1867 à 1876 et procurèrent à la ville un approvisionnement quotidien de trois mille mètres cubes (1). J'ajoute que Richard restitua aussitôt aux pauvres et à l'hôpital de Rochefort les 400 fr. d'honoraires que la ville lui avait alloués.

Pour M. Dières-Montplaisir, payeur de la marine à Fontpère, Richard avait indiqué en 1866 une source jaillissante peu profonde; elle ne fut pas rencontrée. A noter que la baguette tournait à la surface, mais restait immobile au fond du trou: sans doute on avait foré à côté du courant souterrain.

Rouffignac. — M. Giraudias, aux Boucqs, 1863. Succès.

Saint-Ciers du Taillon. — Couvent, en 1868; et M. Arsonneau, au Grand Baudoire, en 1880. Succès. Une source abondante est indiquée en 1876 pour le château d'Orignac, mais n'a pas été creusée.

Saint-Eugène. — Source abondante pour le lavoir du couvent.

Saint-Germain de Lusignan. — M. de Belleville, au château. Puits médiocre.

Saint-Pallais de Négrignac. — M. Dugallais, au bourg, 1863. Bon puits à 13 mètres, indiqué à 17.

(1) Consulter à ce sujet : Roche, *Les Sources de Chercognier*, 1866.— *Tablettes des Deux-Charentes* du 11 décembre 1867, 9 novembre 1876. — Dr Maker. *Les eaux de Rochefort*, 1870. — Ch. Delavaud, professeur à l'École de médecine, *Hydrologie des environs de Rochefort*, note lue en août 1882 au Congrès de l'Association française pour l'avancement des Sciences, tenu à La Rochelle.

Sainte-Lheurine. — M. Jamain, maire, et M. Dubreuilh, juge de paix. Vacances de 1860. Premiers succès de Richard.

Saintes. — Il y a eu plusieurs pourparlers avec la ville, mais qui n'aboutirent pas.

Pour M. Marc Arnault, à la Ransannerie, Richard avait indiqué en octobre 1866 un bon puits de 25 mètres, dont le forage fut poussé jusqu'à 100 mètres sans grand résultat, malgré les grandes dépenses faites. Choses curieuses: il existe sur le domaine un assez bon puits, jadis indiqué par Paramelle et amélioré par Rougier, de Périgueux; et de l'autre côté de la route, un autre puits qu'on perçait en même temps, indiqué par une tourneuse de baguette de Saint-Georges des Côteaux, et qui se trouva excellent, comme pour narguer la science officielle.

Pour M. Anatole de Brémond d'Ars, au Cormier, juin 1879, bon puits à 15 mètres.

Pour Mme Richard, à Bellevue, décembre 1862, puits profond, mais bon. Succès dans les deux cas.

Tesson. — Patric de Richard. M. Nicolle, maire, et M. Rivière, au Moulin des Guiets. Succès.

Tonnay-Charente. — Pour la ville en octobre 1866, et pour M. Rétif, en 1863. Succès mis aux circulaires.

Vallet. — Pour le pèlerinage de Croix-Gente, 1863, bon puits; et pour M. Letard, à Belair, source d'irrigation. Beaux succès.

Mon dossier pour le département se compose de 240 fiches, comprenant pour la plupart l'indication de Richard: profondeur et quantité probables de l'eau. Beaucoup de puits n'ont pas été creusés, et pour les autres, je n'ai pu avoir de renseignements sur les résultats des travaux. J'accueillerais avec plaisir tous ceux qui me seraient communiqués à ce sujet.

VIII. — *Voyages en Algérie, Egypte et Palestine.*

En novembre 1868, Richard s'embarqua pour Alger, afin de répondre à l'appel de Mgr Lavigerie : il y séjourna six mois, et y fit un bon nombre d'explorations tant pour le diocèse et les établissements religieux (séminaires et orphelinats de Kouba, Saint-Eugène, Sainte-Hélène, Trappistes de Staouéli, etc.), que pour les particuliers, et même pour la ville d'Alger, qui lui alloua 1.500 fr. (février 1869). Richard y conseilla de mettre à jour plusieurs sources qu'il indiqua le long des aqueducs, de façon à en tripler le débit; mais les travaux ne paraissent pas avoir été faits. Il suivit, avec le général de Sonis, une excursion dans le Sahara algérien, jusqu'à Laghouat.

L'explorateur eut d'ailleurs un assez bon nombre de succès, et conserva la confiance de l'archevêque d'Alger, qui le fit venir de nouveau en novembre 1880, pour étudier particulièrement la Tunisie, qui venait d'être adjointe à son diocèse, et le collège Saint-Louis, à Carthage, récemment fondé. Comme la première fois, après une demi-année de séjour, Richard revint en France par l'Espagne.

En 1869, Richard fut élu membre de la Société scientifique d'Alger, et Mgr Lavigerie le nomma chanoine de sa cathédrale, puis vicaire général honoraire. En décembre 1880, sur la proposition du ministre français, il fut décoré à Tunis du Nicham Iftikhar.

En novembre 1869 on inaugurait le canal de Suez. Richard s'y rendit à titre privé, et explora ensuite comme touriste la Basse et la Haute-Egypte, la mer Rouge, le désert du Sinaï et le rocher d'Horeb, frappé par la verge de Moïse. Il acheta au Caire un petit nègre nommé Serour, qu'il ramena en France, mais qu'il ne put utiliser longtemps comme domestique, et qui mourut en 1876, à Marseille.

Pendant qu'il était si près, Richard ne manqua pas d'aller faire un pèlerinage aux Lieux Saints, et arriva le 2 mars 1870 à Jérusalem, d'où pendant les trois ou quatre mois suivants, il visita le pays, et principalement les curiosités hydrologiques, comme la mer Morte et le Jourdain, le torrent du Cédron, les vasques de Salomon à Hébron, le puits de Jacob et celui de la Samaritaine. Enfin, il étudia longuement, en y faisant des barrages, la fontaine et piscine de Siloé, et finit par conclure qu'il y a là une source intermittente irrégulière, naturelle ou artificielle, qui se mêle à une source ordinaire pérenne. Resterait à expliquer l'irrégularité de l'intermittence.

De toutes ces excursions, comme de celles faites en Egypte, Richard a écrit et conservé une relation assez détaillée, mais qui n'apprendrait rien après les nombreux ouvrages de ce genre, et notamment après les livres de Victor Guérin, qui explorait justement la Samarie à ce moment, et le *Voyage aux pays bibliques* de notre éminent évêque, Mgr Le Camus.

Pendant ce séjour en Terre Sainte, les particuliers et les autorités le consultèrent pour des puits et sources. C'est ainsi qu'il indiqua divers travaux à faire pour la ville de Jérusalem, bâtie sur des couches calcaires de 1.000 à 1.200 mètres ; il aurait fallu y creuser des puits de plus de 100 mètres de profondeur. Les autorités turques n'ont jamais essayé, ce qui n'étonne guère, de mettre à profit ce rapport imprimé.

A Nazareth, le 8 juin 1870, Richard indique une source importante à 15 mètres, et dès la nuit suivante la population se met à l'ouvrage avec ardeur. Aux 15 mètres promis, pas d'eau, mais un petit conduit passé inaperçu ; l'évêque fait creuser à ses frais jusqu'à 30 mètres, et le terrain est toujours aussi sec : on se rappelle l'extrême sécheresse de cette année. La confiance des habitants se tourne en injures contre le clergé local qui a fait venir un charlatan, et c'est tout juste si le puits n'est pas comblé : on le recouvre d'une grosse pierre. Arrive l'hiver et la saison des pluies : l'eau débouche par le petit canal, et un éboulis de terre vient remplir juste les 15 mètres creusés trop bas. Nouveau revirement des esprits, et Richard est devenu pour les Nazaréens un second Moïse, le prophète de l'eau. Hélas ! quelques années après, faute d'entretien, le puits se comble et se perd à peu près entièrement (1).

Richard termine ses voyages par la Syrie : au collège des Lazaristes d'Antoura, près Beyrouth, il retrouve comme professeur un de ses anciens élèves de Montlieu, Amédée Maurin, de La Rochelle, qui fait jouer en son honneur la tragédie d'*Exile*, et redire aux échos du Liban les beaux vers de l'abbé Rainguet.

Richard s'embarque enfin pour la France, et le 15 juillet 1870, débarque à Marseille, où il trouve la guerre déclarée avec la Prusse, dont il avait entrevu l'issue funeste douze ans auparavant. De ses voyages en Orient, outre ses notes, il avait recueilli le titre honorifique de chevalier du Saint-Sépulcre, et rapporté une collection fort intéressante de silex et de souvenirs divers, qui font encore l'ornement de son musée.

IX. — *Archéologie et préhistoire*.

Je pourrais diviser ce chapitre en trois points : le souterrain de Tesson, les silex taillés près des sources, et les couteaux de pierre du tombeau de Josué.

A. — En septembre 1876, un sieur Perraud découvrait au

---

(1) Le père gardien des Franciscains de Nazareth était tout dernièrement notre compatriote, Marcel Péronneau, de Neuillac, ancien élève de Montlieu et visité en 1903 par la célèbre romancière italienne, Mme Mathilde Serao (Voir *Revue*, XXIV, 182).

Maine, commune de Tesson, une excavation souterraine contenant une quinzaine de grandes urnes funéraires remplies à demi d'os calcinés et de cendres,des poteries brisées,des ossements,une corne, des morceaux de fer, deux glaives de même métal dont l'un en son fourreau, plusieurs bagues et anneaux de bronze. Cette curieuse trouvaille est communiquée à Richard, qui envoie aussitôt des notes au journal *Le Progrès* (13 et 15 septembre), au *Bulletin religieux* (16 et 23) et à l'Académie des Inscriptions et Belles-Lettres (22 septembre). Il y conclut à **un souterrain-refuge** utilisé comme sépulture et cachette à **l'époque gallo-romaine**.

En même temps, comme il venait d'être nommé membre titulaire de la Commission des Arts, il rédige un rapport dans ce sens, avec dessins, qu'il présente à la séance du 26 avril 1877, et qui figure au *Recueil*, tome V, pages 144-152. En juillet 1879, il se fait inscrire à la Société des Archives historiques, dont le *Bulletin* (t. III, p. 270), lui a plus tard consacré un court article nécrologique.

B. — C'est une idée banale aujourd'hui en préhistoire et facile à expliquer, que les ateliers de silex taillés se trouvent dans le voisinage, ou des rivières, ou des belles sources, les hommes primitifs ne pouvant guère s'écarter des approvisionnements d'eau ; mais le premier qui parait l'avoir conçue bien nettement, ou du moins qui l'a soumise au monde savant, ce fut notre hydroscope saintongeais.

Au cours de ses tournées, il avait déjà recueilli pas mal de silex, entre autres à Villegenon (Cher), chez M. de Bonnault, trois jours après la formulation dans son esprit de la prétendue loi des failles, et avait aussitôt signalé cette découverte à l'Académie des sciences, six semaines juste avant le dépôt de son pli cacheté. En février et mars 1868, il trouve d'autres stations dans la Charente-Inférieure : au château de Saint-Julien, près de Saint-Genis et de l'ancienne source de la Seudre, à Neuvicq, à Montguyon,et à Fontgiraud,origine de l'aqueduc romain de Saintes (1). Rassemblant et comparant ses souvenirs, il dégage alors cette remarque que les ateliers de silex sont généralement dans le voisinage des sources apparentes isolées, ou actuelles, ou anciennes et disparues, comme c'était le cas de la Seudre à Saint-Julien.

---

(1) C'est même Richard, je crois, qui a découvert les premiers gisements importants de silex dans la Charente-Inférieure.

Et il s'empresse de communiquer cette conclusion féconde à la
Société des arts, sciences et belles-lettres de Saintes, qui vient
de l'admettre comme membre correspondant (lettre du 5 mai et
séance du 6 juin 1868) ; à l'Académie des sciences de Paris.
(Lettre du 15 mai, présentée le 22 par J.-B. Dumas.)

Au mois de novembre suivant, Richard est en Algérie, il explore en plein désert l'oasis de Laghouat ; près d'Aïn-el-Assafia
(source de l'eau claire) et des montagnes siliceuses de Dakhla,
sa théorie lui revient à l'esprit, et il dit que s'il y avait eu là des
habitants préhistoriques, on devrait y retrouver leurs instruments de pierre. Le fait est immédiatement vérifié, et l'atelier
rencontré, très abondamment pourvu. C'était d'ailleurs le premier découvert dans le Sahara, le général Faidherbe n'y ayant
antérieurement recueilli que des pièces isolées. Autre station
pareille à Aïn-el-Ibel (source du chameau).

Après avoir communiqué ses trouvailles et ses conclusions à
la Société algérienne, il en fait part, le 29 janvier 1869, à l'Académie des sciences de Paris, et en août 1871 au Congrès international d'Edimbourg. Sous la même idée directrice, il fit dans la
suite d'autres découvertes également intéressantes, notamment à
Tôr, dans le désert sinaïtique, et près d'une belle source antique,
qui émerge maintenant beaucoup plus bas, et aussi dans les
mêmes conditions, près de Thèbes, à la Vallée des tombeaux. On
pourrait faire observer ici que l'inépuisable station du Peu-
Richard, en Thenac, est située non loin de la belle source des
Arènes. (Maufras, *Bulletin*, IV, 212.)

En comparant enfin les spécimens recueillis sous des latitudes
si diverses, Richard arrive à cette autre conclusion, que les
pierres taillées, qu'elles viennent d'Orient ou d'Occident, sont
pour les formes absolument comparables entre elles : autre loi
qui est passée dans les notions courantes de la préhistoire.

C. — Au printemps de 1870, après l'Egypte, Richard visitait
la Palestine. Là, son savant et infatigable ami, l'abbé Moigno, qui
a souvent mentionné dans *Les Mondes* ses découvertes de silex,
lui écrit pour lui rappeler que, en 1863, MM. de Saulcy et Victor
Guérin ont cru retrouver et identifier le tombeau de Josué, et que
les Livres saints racontent qu'avec le chef hébreu on ensevelit
les couteaux de pierre qui avaient servi à circoncire les enfants
d'Israël, et qu'ils y sont même encore. Cette mention figure non
dans le Vulgate, mais dans la Version des Septante (Josué, xxiv,
30). Il le conjure de vérifier le fait.

Richard se laisse facilement gagner et se rend en caravane au lieu désigné, qui est à Khirbet Tibneh, près de Gifneh, et dans la montagne à l'ouest de Sichem. Il y fait, non pas tant dans le tombeau principal, qui a été violé depuis longtemps pour en faire une étable, que dans le champ cultivé qui le précède, une abondante moisson d'instruments en silex, la plupart sous forme de couteaux longs et tranchants (3 juin 1870) (1).

Il fait aussitôt part de cette découverte importante à l'abbé Moigno,qui l'insère dans *Les Mondes* du 21 juillet 1870,et l'année suivante, le 5 août 1871, l'emmène et le présente à Edimbourg, au Congrès de l'Association britannique pour l'avancement des sciences. Richard y soumet aux savants anglais des échantillons de ses silex et y développe ses théories : site des ateliers auprès des sources, identité des silex d'Orient et d'Occident, et même des couteaux de pierre *historiques* de Tibneh avec les instruments *préhistoriques* des stations françaises, confirmation enfin de l'authenticité du tombeau de Josué et de celle des Saintes Ecritures.

Bientôt après, Richard renouvelle devant les savants français cette communication qui est,comme en Angleterre,accueillie avec une faveur marquée : le 28 août 1871 à l'Académie des sciences, et le 1er septembre à l'Académie des inscriptions et belles-lettres.

J'ajoute que cette découverte des couteaux de Josué est restée un fait acquis dans la science (2), et souvent citée depuis à l'avantage de notre compatriote.

D. — Quelques années plus tard, lors de l'Exposition de 1878, Richard est prié de faire figurer les principaux types de ses instruments de pierre dans les collections de la Société d'anthropologie de Paris, qui vient de l'admettre dans son sein. Il les expose en neuf cartons, qui ont été conservés tels quels dans son musée, et pour lesquels la Société qui avait été récompensée collectivement, lui décerne une médaille de bronze.

Les 16 et 21 août, il fait partie du Congrès international des sciences anthropologiques, et y lit une note sur ses découvertes de silex en France, Algérie, Egypte et Palestine, avec les considérations ci-dessus. Puis il développe le tout dans une brochure

---

(1) Voir pour la description du tombeau de Josué, Victor Guérin, *Description de la Palestine*, Samarie, II, p. 89-104, avec plan (1875).

(2) Comp V Guérin, *loc. cit..* p. 103. — Vigouroux, *La Bible et les découvertes modernes*, 1879, p. 16. avec figure. — Moigno, *Les Splendeurs de la Foi*, 1881, tome II, p. 695, t. III, p. 1194.

in-8° de 24 pages, intitulée : *Les instruments de pierre, les couteaux en silex du tombeau de Josué, et autres découvertes en divers pays*, par l'abbé Richard, hydrogéologue. Paris, librairie des Lieux Saints, septembre 1878.

C'est le seul travail qu'il ait fait imprimer, et selon moi, le seul aussi de lui qui ait mérité les honneurs de la publicité, et qui vaille à son auteur, dans cette spécialité, le vrai titre de savant.

X. — *Rapports avec le diocèse et le Séminaire de Montlieu.*

Nous retrouvons dans ce chapitre un intérêt plus direct pour la Charente-Inférieure. J'ai dit plus haut quelques mots du séjour de Richard à Montlieu, sous le supériorat du vénérable M. Rainguet : d'abord comme élève, de 1839 à 1844, puis comme professeur de septième (1852), de troisième (1853), et de seconde (1854 à 1861). De ces quinze années de sa jeunesse, il avait conservé pour Montlieu un véritable attachement : aussi tint-il à y garder jusqu'à la mort son véritable domicile et le titre de professeur hydrogéologue.

Il prend part d'une façon très appréciable aux frais de constructions des bâtiments et de la chapelle; et dès les débuts de ses voyages il contribue par le large concours pécuniaire qu'il donne et qu'il continue, à faire cesser les velléités du transfert du séminaire à Saintes. J'ai trouvé dans les comptes plus de cent mille francs qu'il a alloués ainsi de son vivant à son cher Montlieu.

De plus, il y a ses appartements, qu'il agrandit, transforme et embellit à diverses reprises, de façon à occuper presque tout un étage d'une des ailes ; il y installe son musée (1867 à 1870); il y a un autel particulier (1877); il fait élever dans la grande chapelle une chapelle particulière à Notre-Dame des Sources, avec un magnifique autel sculpté, qui lui coûte cinq mille francs (1878-1880).

Il tenait une correspondance suivie avec les supérieurs de la maison : MM. Rainguet, Bonnin, Barbreau, Gendre et de Laage, correspondance qui m'a permis de reconstituer par le menu presque toute son existence.

Il revenait donc à Montlieu aussi souvent que possible, ordinairement à l'époque de la distribution. Les anciens se rappellent encore les vivats enthousiastes qui l'accueillaient quand, la poitrine constellée de décorations, il donnait sur l'estrade la lecture solennelle du palmarès, ou quand, après une longue absence, il revenait prendre sa place à la table des professeurs.

« Témoins ces vers qu'à la séance du 23 juin 1865 le jeune poète Besse de Larzes improvisait sur lui, avec les quatre rimes imposées, aux applaudissements des auditeurs :

> Quand l'Arabe altéré cherche en vain une *source*
> Dans l'aride désert qui brûle son *regard,*
> Il n'aurait pas la mort pour unique *ressource,*
> S'il avait comme nous l'hydroscope *Richard.*

Et ces autres encore, de Gabriel Fauconnier, alors élève de rhétorique, enchâssés dans l'*Apis romana* de mars 1867 :

> Dès qu'il parle, à sa voix la source obéissante
> Du sein vert des vallons, du flanc creux des coteaux,
> Jaillit, et, se courbant en gerbe étincelante,
> Retombe sur les fleurs, et fuit en bleus ruisseaux.
> A qui donne un peu d'eau, le Maître en récompense
> A promis dans le Ciel un trésor précieux :
> A vous qui la donnez à tous en abondance,
> Quel trône éblouissant réserve-t-il aux cieux !

Enfin, comme dernier témoignage d'affection, il lègue en mourant à son cher Séminaire ses meubles, ses collections, ses livres et ses papiers.

L'administration diocésaine, les vicaires généraux et les évêques de La Rochelle, Mgr Landriot, et après lui Mgr Thomas, ont toujours témoigné, comme il est facile de le concevoir, un grand attachement et une vive reconnaissance pour l'abbé Richard, et lui prodiguèrent à l'occasion les lettres de recommandation les plus flatteuses.

Le premier le nomma chanoine honoraire le 1er août 1865. Et tous deux successivement, en 1867 et 1875, s'occupèrent avec zèle, aidés d'autres puissants protecteurs, comme Mgr Lavigerie, de lui faire attribuer la décoration de la Légion d'honneur, qui lui manquait vraiment, en regard de celles d'Autriche, de Prusse et d'Espagne, qu'il possédait déjà. Ils n'y purent parvenir.

XI. — *Dernière campagne. Mort de Richard.*

Richard avait parcouru tous les pays d'Europe, sauf l'Angleterre, la Russie et les États scandinaves. Mais il n'avait encore visité l'Italie ou plutôt Rome que comme pélerin, d'abord en avril 1865, où il avait obtenu une audience de Pie IX, et en mars 1875, avec Mgr Thomas.

En 1881, il avait reçu plusieurs demandes de la péninsule italique, la plupart provoquées et réunies par le père Salis Scewis, jésuite, directeur de la *Civiltà cattolica*, à Florence. Il se met en route à la fin de septembre, ayant fait sa dernière indication française pour Paul de Cassagnac, dans le Gers. Il emmenait comme secrétaire et compagnon de route l'abbé Morvant, alors professeur à Montlieu.

Il arrive à Bologne, où se tenait le Congrès international de géologie, et veut s'y faire patronner par un savant des plus célèbres, l'abbé Stoppani, professeur de sciences géologiques à l'Institut de Florence. Celui-ci refuse, à moins de connaître la méthode et le système employés pour la découverte des sources, et parce qu'il ne trouvait pas équitable le paiement des honoraires, à forfait et d'avance.

Au reste, cette recommandation n'aurait pu être d'une grande utilité pour Richard, car il n'avait pu faire encore que deux ou trois explorations, quand il arriva le 18 octobre à Monza, près de Milan, chez un abbé Zappa, directeur d'un établissement privé de petits ouvriers orphelins.

Dès le lendemain, il y tomba malade de bronchite cardiaque, et son état, malgré quelques améliorations passagères, l'obligea à s'y arrêter définitivement, sans pourtant lui faire perdre l'espoir de se rétablir et de poursuivre ses voyages. Cela dura ainsi plus de trois mois.

Son secrétaire est pris à son tour, mais se remet assez pour aller passer quelques jours à Nice, et pour revenir à Monza le dimanche 12 février 1882. Il y trouve l'abbé Richard au plus mal, et celui-ci expire en effet le soir même, quelques heures après avoir dicté ses dernières volontés.

Son corps est ramené en France, et inhumé dans le cimetière de Tesson, le 21 février, en présence d'une assistance nombreuse et recueillie.

Ses biens, ses acquisitions et améliorations de Tesson reviennent à sa famille ; ses meubles et ses papiers, ainsi que je l'ai dit, au Séminaire de Montlieu, pour l'achèvement duquel il se proposait de consacrer le produit de son voyage en Italie. Ils y sont toujours pieusement conservés, avec le souvenir de ses bienfaits et de sa gloire.

XII. — L'abbé Caudéran, successeur de Richard.

Cette étude abrégée de la vie et des œuvres de notre hydroscope saintongeais demande comme complément un coup d'œil rapide sur la carrière de son successeur l'abbé Hippolyte Caudéran.

Celui-ci était né le 26 février 1835, à Caudéran, près Bordeaux ; en 1858, il devint professeur au collège de Bazas, entra en 1868 chez les Bénédictins, puis de 1872 à 1874, professa les sciences physiques et naturelles au Séminaire de Montlieu, où il eut l'occasion de connaître Richard. Nous le voyons ensuite à Saint-Jean d'Angély, puis curé de Saint-Pallais de Négrignac, ensuite professeur à Fénelon. Durant ces étapes successives, il publia bon nombre d'opuscules et d'articles de linguistique, d'archéologie, d'entomologie, de botanique, d'hagiographie, notamment la *Vie de Saint Léonce le jeune, archevêque de Bordeaux* (Toulouse, 1878) (1).

Il enseignait les sciences à l'École Fénelon au printemps de 1882 quand mourut l'abbé Richard. Il se proposa et s'institua aussitôt son successeur, et fit paraître en cette qualité une *Notice scientifique* sur notre hydrogéologue, dont il célébrait les connaissances géologiques. Il y soutenait cette thèse tant soit peu paradoxale que Richard était un vrai savant, mais un savant volontairement muet et tenant à conserver pour lui seul son secret de sourcier technique, sans aucune allusion d'ailleurs à une sensibilité spéciale, qu'il ne lui a, je le crois, reconnue que plus tard quand, découragé, il abandonna la recherche des sources.

Dès l'année 1882, et jusqu'en 1890, il prit la suite des voyages et explorations de l'abbé Richard. Il commença par l'Italie où celui-ci n'avait fait qu'entrer, et n'y retourna pas moins de sept autres fois, y passant à diverses reprises des mois entiers pour établir ses indications, et en surveiller les travaux et les résultats, ce que n'avait jamais fait son prédécesseur. Il parcourut aussi de cette même façon diverses parties de la France ainsi que de la Belgique (1885, 1887, 1888) et de l'Algérie (1889), mais avec moins de succès, je crois, que de mécomptes.

---

(1) Consulter pour sa vie : Féret, *Biographie girondine*, p. 129, l'*Aquitaine* du 23 décembre 1899, le *Bulletin religieux* de La Rochelle du 30 décembre, le *Recueil de la Commission des Arts*, XV, p. 287, la *Revue de Saintonge*, XX, 99, et surtout la notice nécrologique de M. de Laage insérée dans l'*Annuaire des anciens élèves de Montlieu* pour 1900.

Cet insuccès d'ailleurs, malgré la compétence très supérieure de Caudéran en histoire naturelle et même en géologie est de plus une des preuves que Richard, qui fut de son côté souvent heureux pour ses découvertes, ne se bornait pas à utiliser ce qu'il avait pu apprendre dans les livres.

Il avait été mis en possession des notes, lettres et papiers de Richard ; il écrivit un second *Mémoire sur sa vie et ses œuvres* (Niort, 1888), et conçut l'idée de coordonner et de publier ses ouvrages, qui, auraient formé cinq volumes : le premier intitulé *L'Hydrogéologie ou l'art de découvrir les sources ;* le second: *Questions préhistoriques rattachées à ce sujet;* les trois autres: *Notes de voyages en France et à l'étranger.*

Le premier seul, dont le texte aurait été surtout composé par Caudéran, encadrant des notes éparses de Richard, et son fameux secret, réunit quelques souscripteurs, une centaine environ, aussi demeura-t-il à l'état de projet (*Revue*, XXI, 82).

Comme son prédécesseur, Caudéran avait fixé au Petit Séminaire de Montlieu son domicile de repos et son adresse permanente ; comme lui aussi, il tint à subventionner la maison avec une partie de ses bénéfices. De plus, il prit l'initiative d'élever un monument funéraire à la mémoire de son illustre devancier. Il réunit à cet effet, les souscriptions de quelques amis et clients reconnaissants (1), il fit graver une longue inscription latine rappelant les talents, les voyages, les succès et la bienfaisance de Richard, sur une plaque de marbre noir que l'on plaça le 25 mars 1897 dans la chapelle de Notre-Dame des Sources, tout à côté de l'artistique autel dû à la générosité de l'ancien élève et professeur de Montlieu.

Enfin, en 1890, l'abbé Caudéran se retira dans sa patrie, à Caudéran, où il participa d'abord au service paroissial. Le 28 novembre 1893, l'archevêque de Bordeaux lui confia la paroisse voisine de Saint-Aubin de Blanquefort. C'est là qu'il est mort, à 63 ans, d'une congestion cérébrale, le 16 décembre 1899. Ses papiers concernant les sources sont réunis à ceux de son célèbre prédécesseur.

---

(1) La dernière offrande encaissée est celle de M. Georges Trouillot, avocat à Lons-le-Saulnier, récemment ministre.

DEUXIÈME PARTIE

L'hydroscopie sensitive et la baguette

J'ai dit plus haut (§ IV), dans la première partie et dans ma notice sur l'abbé Richard, que je considérais comme admise la possibilité d'une sensation hydroscopique chez certaines personnes. Plusieurs amis, qui ont bien voulu s'intéresser à mon article et à mes études sur ce sujet, m'ont fait observer que je devais au moins donner quelques arguments à l'appui de mon assertion.

Je me rends volontiers à ce désir, bien que la question s'écarte ainsi du domaine biographique, et que mes recherches et observations ne forment pas encore un tout suffisamment complet et probant. Je me contenterai de quelques considérations et de certains faits, remettant à un peu plus tard l'historique, la démonstration et les expériences.

I

Et d'abord, chacun sait que la sensibilité hydrocospique et son principal symbole, la baguette divinatoire, sont vus d'un très mauvais œil par le monde scientifique officiel, qui a la prétention de n'admettre que ce qu'il comprend, ou du moins ce qu'il a démontré lui-même.

Ce qu'il comprend ! est-ce au moment de la découverte des rayons X et du radium pour ne citer que celles-là ; à notre époque de perpétuels changements dans la science, et même dans la manière dont les savants envisagent le monde matériel, qu'il faut se borner à n'admettre que ce dont on saisit la cause et les effets ?

Et Lucrèce n'a-t-il pas dit :

Verum est,
Et si non poterit ratio dissolvere causam.
(*De natura rerum*, IV, 502).

Ce qu'il a démontré : Mais

Croire tout découvert est une erreur profonde,
C'est prendre l'horizon pour les bornes du monde,

Souvent, sans nous, le temps, quelquefois le hasard,
Fut l'auteur d'un prodige ou l'inventeur d'un art.
Mais plus d'un germe heureux demeure oisif encore
Privé du feu divin qui l'attend pour éclore.

(LEMIERRE, *Découvertes sous Louis XV*).

Mais il existe dans la nature une multitude de faits qui paraissent étranges ou mêmes incroyables, et qui n'en sont pas moins vrais ; et, comme tels, méritent d'être patiemment étudiés.

L'objection la plus fréquente est que ce phénomène est trop extraordinaire pour qu'on y croie sur la foi d'autrui, qu'il n'est pas propre à tous les organismes humains ; mais bien des hommes compétents et dignes de foi les ont examinés et en certifient la réalité. Pourquoi ne pas contrôler leurs assertions ?

La science officielle n'a-t-elle pas successivement condamné, avec des arguments scientifiques paraissant fondés pour l'époque, les aérostats, les locomotives, les ondulations lumineuses, le magnétisme, l'anesthésie chirurgicale, le phonographe, qu'un savant académicien prenait pour un phénomène de ventriloquie ; hier encore l'hypnotisme, aujourd'hui même tous les phénomènes dits extra-naturels, parce qu'on n'a pas catalogué les lois naturelles qui les régissent !

Chaque fois que les hommes de science ont nié d'après des bases à priori les faits signalés par des investigations de hasard, ils ont toujours été convaincus de tort. En cette occasion, les observateurs, humbles et souvent inconnus, de certains phénomènes habituellement qualifiés de surnaturels ou d'incroyables avaient raison ; et les hommes de science qui rejetaient leurs observations avaient tort (Russel Wallace, d'après A. de Rochas).

Claude Bernard n'a-t-il pas dit que pour faire des découvertes, il faut être ignorant, c'est-à-dire avoir l'esprit libre d'idées fixes et appuyées sur des théories dont on chercherait la confirmation ? (Introduction à l'étude de la médecine expérimentale).

Je crois que c'est le cas pour la baguette et pour son humble partisan.

II. — *Chevreul condamne la baguette.*

Le véritable auteur responsable de cet ostracisme injustifié n'est autre que l'illustre Chevreul, car c'est l'autorité de son nom et la conclusion de son rapport qu'on invoque comme ayant définitivement et scientifiquement ruiné la baguette divinatoire

(L. Figuier, P. Dehérain, etc.). Voici dans quelles circonstances :

En 1853, un modeste savant d'Hyères, nommé Riondet, soumit à l'académie des sciences un *Mémoire sur la baguette divinatoire employée à la recherche des eaux souterraines*, mémoire qui fut renvoyé à une commission composée de Chevreul, de Boussingault et de Babinet. Le premier, élu rapporteur, avait, dès 1812, fait quelques expériences sur le pendule oscillateur, et en avait conclu, fait très probable, que l'oscillation est due, non au pendule lui-même, mais à des mouvements inconscients de la main qui le tient ; il avait publié ces faits et conclusions en mai 1833 dans la *Revue des Deux Mondes*. Aussi se borna-t-il à étudier de seconde main l'historique de la question ; puis, sans paraître *avoir lu* les deux mémoires de Riondet, auxquels il ne fait nulle allusion, dont il ne relève aucune allégation, sans avoir JAMAIS VU un *sourcier faire tourner la baguette*, il étend par analogie à la verge mobile cette explication d'un instrument inerte actionné par un moteur vivant, plus ou moins volontaire, la généralise pour les tables tournantes qui venaient justement d'entrer en danse ; et, en fin de compte, ensevelit les bacillogires et leurs adeptes sous le poids d'un rapport académique dont ils n'ont encore pu se relever (1).

Je le répète, Chevreul avait toute raison de croire que le pendule ne remue pas seul, que la baguette ne tourne pas d'elle-même ; mais pourquoi ne cherchait-il pas à établir si le fait était vrai ou non, et comment ces instruments se mettaient en branle sous l'action de forces nerveuses encore méconnues ? Pourquoi n'étudiait-il pas lui-même *un seul* individu doué de cette curieuse faculté ?

Cette condamnation, basée sur des vues et des observations vieilles de 40 ans, et notoirement insuffisantes, est d'autant plus étrange que l'auteur, dans une longue préface, combat les raisonnements à priori au bénéfice de la méthode expérimentale, seule admise par la science moderne, et qu'il écrit en propres termes : « Mais si une proposition est vraie, quoique insuffisam-« ment démontrée, tôt ou tard on reconnaîtra son exactitude ; « et alors elle servira à son tour pour découvrir quelque autre « vérité. »

---

(1) Chevreul, *De la baguette divinatoire, du pendule dit explorateur, et des tables tournantes au point de vue de l'histoire, de la critique et de la méthode expérimentale*. Paris, 1854, 258 pages, in-8°.

C'est ce qui est arrivé pour la baguette, qui tourne toujours en dépit de l'Académie, mais chez les seules personnes prédisposées, lesquelles d'ailleurs ne sont pas très rares.

III. — Historique.

Je ne prétends pas faire ici l'historique de cette question, bien que je croie être la personne la plus documentée de notre époque, ayant tenu à me procurer et à analyser *tous* les principaux ouvrages français qui s'en sont occupés depuis trois siècles.

Cette histoire est d'ailleurs très suffisamment exposée dans un ouvrage contemporain assez commun : *l'Histoire du merveilleux*, de Louis Figuier (tome 2), et dans les *Mystères de la science*, du même auteur, 1860. Mais si le savant vulgarisateur admet le fait peu niable de la rotation de la baguette et les succès qu'elle a à son actif, il en donne cette explication que rien ne justifie : les sourciers professionnels, dit-il, la mettent en branle d'une façon plus ou moins consciente, quand des indices superficiels, leur propre expérience, leur permettent de deviner la présence de l'eau souterraine. C'est n'avoir, comme Chevreul, jamais vu opérer un bacillogire, et supposer à plaisir qu'un enfant, une femme, ou un campagnard, ou un paysan moins qu'intelligent comme j'en connais, puissent ainsi, chacun pour soi, reproduire le génie de Pascal réinventant la géométrie, ou de Paramelle créant l'art de découvrir les sources.

Voici donc tout simplement les titres des principaux ouvrages qui ont traité la question, en plus de Chevreul et L. Figuier.

1693. VALLEMONT (Le Lorrain abbé de), *Physique occulte ou traité de la baguette divinatoire*. Favorable. Souvent réimprimé jusque vers 1750, ainsi que le suivant.

1693. LEBRUN (oratorien), *Lettres qui découvrent l'illusion des philosophes sur la baguette*, refondues dans l'*Histoire critique des pratiques superstitieuses*, 4 volumes. Défavorable.

1781, 1784. THOUVENEL (docteur médecin), *Mémoire physique et médicinal montrant des rapports évidents entre la baguette divinatoire, le magnétisme et l'électricité*. Copieux, mais mal ordonné, retraçant l'observation du sourcier dauphinois Bleton.

1802. ABBÉ FORTIS, naturaliste italien, *Mémoire pour servir à l'histoire naturelle de l'Italie*.

1826. COMTE DE TRISTAN, *Recherches sur quelques effluves terrestres*. L'auteur a multiplié les expériences pendant quarante ans. Les dernières sont analysées dans un rapport du docteur Fauchon, d'Orléans, 1904.

1849. De Mortillet (Gabriel), *Histoire de l'hydroscopie et de la baguette divinatoire*. Le célèbre préhistorien possédait étant jeune, le don curieux de faire tourner la baguette, puis le perdit peu à peu.

1853. Abbé Chevalier, de Tours, *La baguette divinatoire justifiée scientifiquement*, brochure.

1854. Baron de Morogues, neveu de Tristan et Orléanais comme lui, *Observations* sur le fluide organo-électrique et sur les mouvements électrométriques des baguettes et des pendules.

1859. Abbé Paramelle, *L'art de découvrir les sources*. Il ne parle de la baguette que pour la condamner.

1863. Abbé Carrié, de Barbaste, *Hydroscopographie et métalloscopographie*, ou l'art de découvrir les sources et les gisements métallifères au moyen de l'électro-magnétisme, Saintes, chez Fontanier. L'auteur, qui a exercé en Saintonge, employait un arc métallique composé de fer et de cuivre, et le vendait 100 francs.

1883. Abbé Descosse, de Forcalquier, *La découverte des sources*, brochure résumant un ouvrage plus étendu, de 1860. L'auteur emploie concurremment les deux méthodes : topographie et sensibilité.

1897. W.-F. Barrett, de Dublin, *On the so called divining rod or virgula divina* (sur la soi-disant baguette divinatoire, ou verge divine). Mémoire édité par la société des études psychiques de Londres, livre capital pour la question, renfermant de nombreux témoignages d'amateurs et de professionnels anglais, et l'opinion favorable des géologues britanniques.

1898. Deux articles bienveillants d'Henri de Parville dans le *Correspondant* (10 janvier et 10 février).

1900. (30 juin, 7 et 28 juillet, 4 août). Quatre articles du colonel de Rochas, de Karl du Prel, de l'abbé Chevalier, dans *Le Cosmos*.

1900. A. et F. de Beaucorps, Etude empirique au moyen de la baguette sur les origines souterraines du Loiret : le père, le baron Adalbert de Beaucorps, ancien officier, est l'écrivain, et son fils, le jeune François, est le sujet étudié.

Eté 1900. *Journal du magnétisme*. Articles.

1901. *Moniteur des études psychiques*. Articles.

1902. Docteur Surbled, *Le secret des sourciers*, brochure de 16 pages, donnant quelques faits curieux.

Août 1903. *Lectures pour tous*, article sur la voyante de Beyrouth, qui dit voir l'eau à travers la terre.

1904. E. Chabrand, ingénieur et président de la société dauphinoise d'éthnologie et d'anthropologie. *Baguette divinatoire et sourciers*, reproduisant l'historique et quelques observations très pertinentes.

Je néglige les innombrables articles de dictionnaires ou de journaux ; mais on voit par ces seules indications que la question n'a jamais été perdue de vue, et que la baguette n'a point cessé d'avoir ses partisans et ses écrivains. Enfin la littérature allemande que j'ignore, paraît assez riche en monographies spéciales.

IV. — *Diversité des sensations.*

Qu'y a-t-il d'irrationel à admettre que certains organismes humains soient doués d'aptitudes particulières, et puissent percevoir par les sens, même inconsciemment, ce que les autres ne perçoivent pas ? comme l'eau à travers la terre.

Est-ce que cette différence n'existe pas chez les animaux de même espèce, entre les chiens de chasse, courants ou couchants par exemple, et le chien de berger ? entre le pigeon domestique et le pigeon voyageur ?

Les hommes sauvages ont cultivé, perfectionné les sens de la vue et de l'ouïe dont ils ont besoin pour la chasse ou pour leur défense personnelle ; les hommes civilisés ont développé chez eux la délicatesse de l'odorat, du goût, de l'oreille ; et encore, il y a pour certains des différences du tout au tout, dans le sens musical pour ne citer que celui-là. Il en est qui possèdent le sens de l'orientation à un degré éminent, comme un chirurgien saintongeais des hôpitaux de Paris dont je m'honore d'être le condisciple et l'ami, qui l'avait étant jeune, et l'a depuis perdu.

Il y a des diversités pour ainsi dire pathologiques, que les médecins rencontrent à chaque instant : celui-ci, baromètre vivant, prédit à coup sûr les changements de temps à l'aide de ses rhumatismes ; celui-là est pris d'asthme quand la neige va tomber, ou quand les foins mûrissent ; un officier sentait 24 heures à l'avance la venue du sirocco ; tel buveur d'eau, homme ou femme, trouve dans un seau d'eau entier la saveur d'une seule goutte de vin ; l'odeur ou même la vue de telle fleur suffit pour

incommoder tel autre ; tous exemples qu'il serait facile de mul-
tiplier.

Je me rappelle cette pensée de l'abbé de Broglie, que me citait
un jour M. de Lapparent : Nos sens sont des portiers ouverts sur
le monde extérieur, mais qu'il faut savoir réveiller et dont il
faut apprendre le langage. J'ajoute que la sensibilité hydroscopique est peut-être chez beaucoup un sens encore endormi ; et
pour continuer la métaphore, la baguette serait la clé qui ouvri-
rait la porte ou réveillerait le portier. Et pour me tenir plus près
du sujet encore, ne vient-on pas tout récemment de découvrir
que les sources, même non minérales, possèdent des propriétés
radioactives fort différentes les unes des autres ?

V. — *Utilisation du sens hydroscopique.*

Mais si cette sensation existe, si elle peut être employée pour
chercher l'eau souterraine, elle ne saurait suppléer, même de
loin, aux connaissances techniques, à l'expérience, à l'art de
l'ingénieur. C'est ce qui explique le discrédit dans lequel elle est
tombée chez ceux-ci, qui ne sauraient y puiser des indications
suffisantes pour approvisionner d'eau, en quantité et qualité con-
venables, une ville populeuse, et ce qui explique aussi les échecs
relatifs éprouvés dans cette partie de ses indications par l'abbé
Richard dont la sensibilité hydroscopique était sans doute la
principale qualité professionnelle.

Le rôle de cette sensibilité est plus modeste, quoique impor-
tant encore. Elle rendra service à tel petit propriétaire qui ne
peut aller chercher au loin, dans quelque signe paramellique,
l'eau potable dont il a besoin. Un sourcier éprouvé et honnête,
il y en a, lui indiquera, avec ou sans baguette, le point de sa
cour ou de son jardin où coule un filet souterrain, ou du moins
le milieu d'une nappe fluente, là ou l'eau est plus abondante,
plus mobile, et partant plus saine. Chez un autre, qui veut faire
dans ses champs des plantations d'arbres fruitiers, un modeste
bacillogire pourra lui indiquer les lignes où l'eau est moins profonde, où les arbres végéteront mieux parce qu'ils auront leurs
racines plus arrosées. Les meilleures directions de drainage, le
repérement même des tuyaux déjà posés sont encore des cas où
la baguette peut être utilisée efficacement.

Toutes ces hypothèses ne sont pas des vues de l'esprit ; ce
sont des cas que j'ai rencontrés dans mes lectures ou dans mes
observations.

Enfin, le principal intérêt de cette étude me paraît être l'étude même d'une sensation encore inconnue à peu près tout entière, et qui peut ouvrir à la science des points de vue insoupçonnés.

VI. — *Action de la baguette.*

La forme, l'essence même de la baguette varient beaucoup selon les opérateurs ou rabdomantes qui l'emploient. Les uns se servent indifféremment de toute espèce de bois, vert ou sec : ce sont les plus puissamment doués ; les autres, moins sensibles sans doute, préfèrent un bois particulier, souvent un jeune rameau de chêne, d'orme ou de noisetier ; ils le choisissent et le coupent avec son écorce intacte, bifurqué en forme de V ouvert.

Ils le tiennent ordinairement la pointe en haut, les deux extrémités légèrement courbées et serrées entre les paumes de mains tournées en l'air ; ils parcourent ainsi lentement le terrain à explorer ; à certains points, le long d'une bande de terrain, ils sentent nettement que la baguette va tourner. En effet, celle-ci s'abaisse de 180 degrés environ, quelquefois davantage, et avec une force que le sourcier estime se rapporter à la profondeur et à la quantité de l'eau sous-jacente.

On peut objecter qu'il ne semble pas difficile de faire ainsi basculer volontairement un rameau de cette forme et tenu de cette façon. Mais, et je l'ai maintes fois constaté moi-même, si un assistant non doué, prend en même temps les deux bouts de la baguette, il la sent très nettement tourner entre les mains de l'opérateur, et comme malgré lui, ce qui n'a pas du tout lieu dans le cas d'impulsion purement volontaire.

Il en est chez qui la baguette fait plusieurs révolutions, jusqu'à ce qu'elle se brise à force de se tordre, fut-elle en osier vert ou même en fil d'archal. Ce sont des sujets qui seraient excellents pour impressionner un public extra-scientifique, mais que, après vérification sévère sur l'un d'eux, Rullier, de Léoville, j'en suis arrivé à croire bien plus faillibles que les individus moyennement doués. En effet, leur impressionabilité est trop forte, et telle que tout les fait vibrer, les courants souterrains, et d'autres circonstances encore mal définies.

Il est d'autres personnes qui ressentent assez nettement l'impression de l'eau souterraine sans avoir besoin de la baguette comme indice révélateur. Ce sont peut-être les meilleurs sujets, surtout quand ils sont intelligents, instruits, et capables d'analyser leurs sensations. Mais on est obligé de s'en rapporter à

leurs dires, et on ne peut les prendre comme exemples qu'en
étant déjà convaincu de leur véracité et de la réalité des faits.

La baguette divinatoire est chez les personnes moins douées,
comparable à l'aiguille d'un galvanomètre qui manifeste en les
amplifiant l'intensité des courants électriques. Seulement les
courants qu'elle révèle sont d'ordre biologique.

VII. — *Du pendule.*

Il est un autre instrument employé par bon nombre d'opérateurs, et qui me semble à la fois plus sensible, mais moins probant pour les sceptiques : c'est le pendule oscillant. Il consiste
ordinairement en la montre tenue par le bout de la chaîne entre
les doigts de la main droite ; mais tout autre corps pesant et
suspendu par un cordon flexible pourrait remplir le même
office.

La personne donc se promène lentement, et à certains points,
sans qu'elle donne d'impulsion visible ou volontaire, le pendule se met à osciller sensiblement, quelquefois à tourner en
cercle. Il va et vient, sans obéir à la direction du vent, et dans
le sens du courant souterrain, que le sourcier peut repérer en
suivant cette direction ; dès qu'il s'en écarte, l'instrument s'arrête
assez net.

Certes, il est facile de donner le branle à une montre ainsi
tenue, mais il est bien plus difficile de l'arrêter brusquement
une fois lancée. Je me suis assuré que la vue, l'attention expec-
tante invoquée par Chevreul ne suffisent pas à expliquer le mouvement ; car si l'opérateur ferme les yeux, le pendule oscille à
peu près aux mêmes points ; et celui-ci se mobilise d'autre part
en des endroits où le sourcier ne s'y attendait nullement, restant
fixe au contraire là où l'on croyait être au-dessus de courants
souterrains.

Ils ne sont pas rares, ceux qui seraient capables de pouvoir
mettre ainsi le pendule en mouvement ; et beaucoup ignorent
qu'ils ont cette curieuse faculté, parce qu'ils ne l'ont jamais re-
cherchée. J'ai tenté maintes fois la démonstration suivante :
faire tourner autour d'une fontaine ou d'un bon puits quelque
personne d'abord sceptique ; et celle-ci, bientôt, n'a pas été la
moins surprise de voir osciller sa montre entre ses mains à des
points déterminés, et inconnus à l'avance. C'est que le pendule
oscillant est peut-être un révélateur encore plus sensible que la
baguette.

J'engage mes lecteurs à renouveler de bonne foi l'expérience.

VIII. — *Particularités inédites sur quelques sourciers du pays.*

Je pourrais allonger beaucoup ce travail si je relevais les noms et les observations des principaux sourciers que j'ai vus mentionnés dans les livres ou revues. Je veux me borner à ceux que j'ai pu étudier moi-même.

FRANÇOIS DE BEAUCORPS, fils du baron de Beaucorps, né en 1888 dans l'Orléanais, où les rabdomantes sont totalement inconnus, mais originaire de l'Aunis où, comme dans la Saintonge, ils sont légion. C'est lui que son père a étudié dans sa monographie sus-mentionnée. Il s'est aperçu de son *don* vers 10 ans, en voyant opérer un paysan de Genouillé ; depuis, il suit très fidèlement avec la baguette les courants souterrains, et a vu plusieurs fois ses indications confirmées par les faits. Rien de particulier autrement à signaler chez lui pour la santé, le tempérament, l'intelligence. Sa bonne foi est absolument hors de doute.

ABBÉ MÉDÉRIC BRODUT, né en 1848 à La Barde, connut Richard à Montlieu comme élève, devint curé de Tonnay-Charente, puis de Saint-Louis de Rochefort, où il est mort en 1902. Au-dessus des sources, il éprouvait une sensation très nette, comme s'il entrait dans un bain, disait-il. C'est lui qui, grâce à sa disposition personnelle, a deviné un des premiers la sensibilité hydroscopique de son ancien maître.

CHASSAIGNE, né en 1888, fils d'un métayer de Chepniers ; son don lui a été révélé par hasard quand il allait au catéchisme ; depuis il a trouvé et creusé plusieurs petites fontaines dans le vallon où ses parents habitent. Il se sert d'osier, de vigne, de peuplier. Pendant qu'il faisait tourner la baguette, j'en ai réuni à son insu les deux bouts par un rhéophore de pile, ou bien j'ai mis de la même façon la vergette en communication avec le sol, et l'instrument s'est arrêté aussitôt, à la grande surprise de l'enfant, pour reprendre quand la transmission par le conducteur métallique était interrompue.

VICOMTE DE COUGNY, au château de Grammont, par Rocheservière (Vendée). Sensible à la baguette, a fait creuser plusieurs puits avec succès pour lui et ses amis ; il a soin de faire confirmer ses indications par un puisatier de profession, nommé Duret, doué de la même faculté, et leurs observations ont toujours concordé.

LOUIS DOUCET, conducteur des ponts et chaussées à Lesparre.

Sensible à l'eau souterraine, n'a eu conscience de pouvoir faire tourner la baguette qu'en 1899, à 40 ans, initié par un ami. Il avait déjà remarqué qu'il ressentait un malaise particulier en certains endroits où depuis la baguette a marché entre ses mains. Il a indiqué plusieurs puits avec un succès très net. Il a deux amis également doués : M. Altairac, avocat à Lesparre, et M. de Soos, conservateur des hypothèques à Carcassonne. Son éducation scientifique en fait un sujet remarquable, et dont la bonne foi ne saurait être suspectée.

Victor Dubuy, vérificateur des douanes, retraité à Toulon, mort en 1886, a été en correspondance avec Richard et Caudéran. Il se servait du pendule, et opérait pour rendre service. Il reconnaissait la présence de l'eau dans tous les terrains, mais avait remarqué qu'il en donnait très bien la profondeur dans les schistes et les grès, et réussissait beaucoup moins dans les calcaires marins de son pays ; il en ignorait la raison.

Marie Durand, épouse Durand, de La Garde, illettrée, femme d'un chef cantonnier de ma commune, et que je connais depuis longtemps. Elle a indiqué beaucoup de puits dans la contrée, dont trois pour ma famille ; pour le dernier elle a précisé à l'avance la profondeur et la direction du filet souterrain, que rien n'aurait pu faire deviner, le puits étant isolé, dans du terrain calcaire, où ils sont rares et médiocres, et le sens du courant étant fort oblique au pendage des couches. Dans un autre cas, chez le maire, elle a fait creuser tout à côté d'un vieux mauvais puits, et rencontré une veine liquide importante. Personne de sa famille n'a cette aptitude.

Alred Lefebvre, grand entrepreneur d'appareils de chauffage à Reims. Son cas est des plus curieux, car ayant besoin d'eau en 1896 pour sa propriété de Villers-Marmery, il se procura le livre de Paramelle, dont il appliqua le système, à l'aide duquel il découvrit une très belle source coulant à la surface ; par reconnaissance, il éleva une statue de l'abbé cadurcien dominant sa fontaine. Comme celui-ci, il se contentait des données topographiques et avait d'abord une prévention contre la baguette ; mais, invité à l'essayer, il a dû se rendre à l'évidence, s'en est d'abord servi comme contrôle, puis avec son aide a trouvé des sources où il n'en aurait jamais supposé.

Michel Cadet, dit Beaurameau, laitier à Orignolles, a trouvé en 1890, à l'aide du pendule, et la première fois qu'il l'essayait, dans ses servitudes mêmes, un puits inépuisable en toute saison, actionné maintenant par une machine à vapeur, et qui entretient une industrie considérable, consommant vingt à trente hectolitres de lait par jour, et où l'eau doit être gaspillée à profusion. Les puits voisins sont presque tous fort ordinaires ; le village est sur le penchant d'un coteau calcaire, dans le vallon duquel les fontaines ne sont pas rares ; mais encore faut-il pouvoir reconnaître et capter leur cours supérieur, à travers quinze ou 20 mètres de rocher. Depuis, et avec le même procédé, M. Michel se fait fort de repérer tous les courants souterrains, et a complaisamment indiqué plusieurs puits qui se sont trouvés excellents.

Jean Migran, de Saint-Preuil, né en 1860, boiteux et bègue, ce qu'il attribue à des convulsions infantiles, illettré et moins qu'intellectuel. Il ne se sert pas de baguette, mais au-dessus des courants d'eau profonde il est pris de mouvements cloniques très forts des bras et des jambes, avec respiration violente et entrecoupée ; le cœur et le pouls ont alors des battements tumultueux, puis très petits et précipités, que j'ai constatés moi-même, et qui ne peuvent être commandés par la volonté de l'opérateur. Pour la profondeur, sur laquelle il avoue se tromper parfois, il calcule le nombre de pieds par celui des convulsions respiratoires qu'il éprouve. Pour se guider, il prétend voir à distance au-dessus des sources, une vapeur ténue, blanche, comme jalonnant leur cours, et en rapport avec leur importance: assertion déjà émise par d'autres sourciers. Il n'est pas marié ; aucun de ses parents n'est doué. Il reconnut sa sensibilité vers 14 ans, par hasard en se couchant au-dessus d'une source qui le mit en convulsions, et qui lui donna l'idée d'étudier ses sensations en des lieux analogues.

Il a découvert un grand nombre de puits dans l'arrondissement de Barbezieux qu'il habite, et où il est très employé ; il en a bon nombre d'attestations légalisées, notamment celle du maire et des conseillers municipaux de sa commune certifiant ses succès incontestables.

Louis Moquet, de Saint-Georges des Agouts, né en 1837, paysan madré, illettré, maigre et rhumatisé. Il emploie une baguette faite de bois à moëlle, vert ou sec, comme le sarment, l'osier ; les autres ne tournent pas. Mais il se sert ordinairement de sa canne, qu'il tient horizontalement, la pointe reposant sur la paume de la main gauche, et la poignée recourbée entre le pouce et l'index de la main droite. Sur les sources, cette canne

fait un demi-tour sur elle-même, sans aucune impulsion appa-
rente, ainsi que je m'en suis assuré. Il indique la profondeur
par une sorte d'intuition, comme s'il jugeait de la distance d'un
objet par la vue ; et il ne se trompe jamais de plus de deux ou
trois pieds. Il est insensible à l'aimant, que je lui ai présenté
enveloppé ; au-dessous d'un point où il croit qu'il y a de l'eau,
il a senti un frémissement particulier en tenant entre les deux
mains un fil de laiton recouvert de soie, sauf aux extrémités,
expérience qu'il ignorait.

Il a reconnu par hasard sa sensibilité vers 25 ans ; il a indiqué depuis un très grand nombre de puits, dont il a creusé lui-
même une bonne partie, quand il était plus jeune ; il en produit
les attestations authentiques, élogieuses et détaillées et jouit
d'une grande réputation aux alentours. Je n'en cite qu'un exemple sur lequel j'ai des données sûres ; en 1893, chez M. Pellisson
(Piâre Marcut), à Saint-Seurin d'Uzet, il a précisé le sens, la
grosseur et la profondeur d'un courant souterrain, ce qui fut
vérifié par le forage ; or, le puits banal du village à 20 mètres
de là, est bien plus profond, alimenté par des simis, et d'autre
qualité.

Pillet, charpentier à Courpignac, âgé de 60 ans. Il est très
sensible ; au-dessus d'un courant souterrain, il est comme élec-
trisé, et ne peut y séjourner ; il n'a pas besoin de baguette, ou
s'en sert rarement. Il a eu plusieurs succès notables, et est assez
connu dans son voisinage, où les sourciers ne sont pas rares,
mais, dit-on, moins doués et moins heureux que lui.

Jules Rullier, à Léoville, cultivateur, né en 1875, marié,
sans enfant ; sait écrire, mais c'est tout. Il a connu son don
étant enfant ; il ne peut rester, ni surtout coucher dans un
endroit où il y a de l'eau. C'est lui dont la baguette tourne si
fort qu'elle tourne peut-être trop, et en trop d'endroits ; il prend
n'importe quel bois, vert ou sec, du fil de fer ou de cuivre, et le
tout se contourne jusqu'à lâchage ou rupture ; il peut même se
passer de baguette. Il aurait, dit-il, indiqué déjà 50 ou 60 puits,
tous vérifiés par le succès, comme débit ou profondeur ; ses
voisins attestent, en effet, sa capacité et ses réussites. C'est un
sujet que j'ai vu trois fois, et que je me propose d'étudier plus
longuement, en des lieux où je connais les courants souterrains,
et avec toutes les précautions possibles contre l'erreur ou la
fraude.

Professeurs du séminaire de Montlieu. Je ne les note que

pour mémoire, sans les désigner nommément, parce que, les ayant examinés ces jours-ci, j'en ai trouvé plusieurs qui faisaient fort bien tourner la baguette, les uns sans l'avoir jamais essayé, tandis que d'autres y étaient réfractaires. Mais je ne pourrais invoquer en faveur de ma thèse que des présomptions, comme la concordance des points où la baguette et le pendule se mettaient en mouvement, sans aucune entente préalable des intéressés, ou bien encore, ceux-ci ayant les yeux fermés ; tandis qu'il n'y a pas eu la vérification matérielle d'un puits creusé et réussi selon leurs indications, comme pour les sourciers plus haut cités.

Mais cet examen m'a permis de confirmer une constatation bien curieuse, que je n'ai vue mentionner qu'une ou deux fois dans la littérature spéciale. Une baguette qui a servi un moment à un sujet bien doué, c'est-à-dire qui a tourné vivement entre ses mains, tournera ensuite bien mieux entre les mains d'un sujet moyennement doué ; par contre, si celui-ci prend la baguette d'une personne réfractaire, il ne pourra plus la mettre en branle. Il y a là comme une sorte de polarisation de l'instrument révélateur, positive dans le premier cas, et négative dans le second, ou encore, un effet comparable à la limaille de Branly conductibilisée par les ondes hertziennes, et redevenant isolante par un choc léger.

IX. — *Explications et conclusions.*

Comme je ne prétends nullement écrire un traité sur la matière, je ne dirai rien des sensations diverses accusées par les professionnels, ni de la manière dont ils évaluent la profondeur de l'eau souterraine, ni de la recherche des métaux, du charbon, à l'aide de ce procédé. Ces questions sont étudiées dans les livres que j'ai énumérés, et dans d'autres encore.

Je dirai cependant un mot du tempérament des sourciers. La nervosité générale du sujet n'est pour rien dans la faculté hydroscopique, il est des névrosés, des hystériques, qui y restent insensibles, et d'autres, réputés très calmes qui en sont vivement impressionnés. La Saintonge, le pays de Lanternois de Rabelais, fournit bon nombre d'excellents sourciers. Il est vrai qu'on en trouve aussi beaucoup à l'autre pôle du sol et du caractère français : la Provence et le Dauphiné.

Je ne puis pas terminer enfin sans mentionner au moins les

explications qui ont été proposées, et celle que j'estime devòir se rapprocher de la vérité ; si toutefois ma thèse est entièrement vraie, ce dont je fais plus que douter, me souvenant du mot de Brunetière : « Dans tout système, il n'y a que les morceaux qui soient bons ». Trop heureux, si quelques morceaux de mon système ne sont pas trop mauvais !

Thouvenel, en 1781, invoquait l'électricité, dont on venait tout juste de décomposer les deux fluides ; et la rapprochant du magnétisme terrestre, il faisait de la baguette une boussole hydrospasmodique.

C'était aussi l'opinion de M. de Tristan (1826), qui pensait que la baguette associe les deux électricités ; de M. de Mortillet (1849), qui croyait à un effet électrique des eaux souterraines frottant le long de leurs parois ; de l'abbé Chevalier (1853), qui y trouvait toutes les lois des courants d'Ampère.

Cependant, l'hydroscopie ne peut être un phénomène purement électrique, parce que l'isolement ou la conductibilité des supports de l'opérateur ne semblent pas avoir une action constante, surtout quand on les modifie à son insu ; et parce que jusqu'à présent du moins, les électromètres les plus sensibles n'ont pas réussi à révéler l'eau souterraine, sans l'intervention d'un organisme vivant.

Pour Karl Du Prel (1898), pour beaucoup d'occultistes contemporains, l'impressionnabilité de l'eau à distance n'est qu'un degré inférieur du somnambulisme, et est due au magnétisme animal ; le sourcier sensitif serait une sorte de médium partiel. Cette idée, qui demanderait de plus amples développements, me paraît renfermer une bonne part de vérité.

W. Barrett (1897), soutient que le mouvement de la baguette est dû à une suggestion subconsciente, et à une action musculaire inconsciente, théorie voisine de la précédente, et qui exigerait aussi quelques considérations spéciales.

J'expliquerais bien plus volontiers encore la mise en train de la baguette et du pendule par l'action de ce que le *docteur Grasset* appelle le *psychisme inférieur* (1), nom qu'il a déjà du reste donné aux phénomènes qui nous occupent.

On peut distinguer chez l'homme la fonction psychique supé-

(1) Voir à ce sujet les ouvrages du célèbre professeur de Montpellier : *L'hypnotisme et la suggestion*, 1903, p. 22 ; *Le spiritisme devant la science*, 1904, p. 105, 230 ; *Revue des Deux-Mondes* du 15 mars 1905 ; *Le psychisme inférieur*, 1906.

rieure à laquelle appartiennent les actes conscients, volontaires, libres, dont le sujet est responsable ; et la fonction psychique inférieure, d'où dépendent les actes inconscients, involontaires, automatiques, sans responsabilité ; les exemples les plus fréquents de ces derniers, qu'il ne faut pas confondre avec les actes purement reflexes, sont les actions dues à l'habitude, ou faites par distraction, ou entraînées par la passion.

A l'état normal, ces deux fonctions se superposent et s'intriquent, sans qu'on puisse faire la part exacte de chacune. Pour les analyser, il faut prendre des états où elles sont dissociées.

Ainsi, dans l'hypnose, dans les diverses formes du somnambulisme, les centres supérieurs dorment, les centres inférieurs sont malléables, suggestionables et exécutent des actions souvent fort complexes ; dans le spiritisme, ces derniers agissent encore bien plus, sans que le sujet le sache ou le veuille, ni ne dorme. Ce sont eux qui font marcher le pendule explorateur. la baguette divinatoire, les tables tournantes ; et les médiums sont ceux chez qui le psychisme inférieur se désagrège le plus facilement, et qui font alors les actes les plus compliqués.

Certains auteurs veulent que ces deux modalités soient des degrés divers de la fonction des mêmes centres ; le professeur Grasset croit qu'il y en a deux ordres distincts, et a créé pour les représenter un schéma théorique, où le psychisme inférieur forme un *polygone indépendant*, mais rattaché à un *centre O* qui synthétise le psychisme supérieur.

Ainsi, dans le cas qui nous occupe, certaines sensations encore mal définies, et causées chez quelques sujets prédisposés par l'eau souterraine, arriveraient jusqu'à leur polygone inférieur. et le mettraient en action ; c'est-à-dire que celui-ci, réagissant à l'insu du centre O, produirait des mouvements musculaires légers et répétés, mais inconscients et involontaires, qui feraient osciller le pendule ou tourner la baguette.

Telles sont les quelques considérations que j'ai tenu à rédiger, sous une forme volontairement condensée à l'extrême, pour établir que l'hydroscopie sensitive, et sa forme tangible, la baguette, sont des phénomènes au moins *probables*, et qu'il y aurait le plus grand intérêt à les étudier dans un esprit non systématiquement hostile et prévenu.

Que les savants veuillent bien chercher de ce côté, et je suis convaincu qu'ils trouveront quelque chose, peut-être un nouveau chapitre de physique et de physiologie !

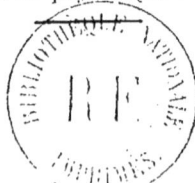